BOOKS
A Living History

書的演化史

六千年來人類知識載體的大變遷

書的演化史

六千年來人類知識載體的大變遷

馬丁・萊恩斯／著

胡宗香、魏靖儀、查修傑／譯

大石文化 Boulder Media
an IDG company

書的演化史 六千年來人類知識載體的大變遷

作　　者：馬丁‧萊恩斯
翻　　譯：魏靖儀（前言、第一、二章）
　　　　　查修傑（第三章）
　　　　　胡宗香（第四、五章、結語）
主　　編：黃正綱
文字編輯：許舒涵、蔡中凡
美術編輯：吳立新
行政編輯：秦郁涵

發 行 人：熊曉鴿
總 編 輯：李永適
印務經理：蔡佩欣
美術主任：吳思融
發行經理：張純鐘
發行主任：吳雅馨
行銷企畫：汪其馨、鍾依娟

出 版 者：大石國際文化有限公司
地　　址：臺北市內湖區堤頂大道二段 181 號 3 樓
電　　話：(02) 8797-1758
傳　　真：(02) 8797-1756
印　　刷：沈氏藝術印刷股份有限公司

2016 年（民 105）3 月初版
定價：新臺幣 699 元／港幣 233 元
本書正體中文版由 Thames & Hudson Ltd. 授權
大石國際文化有限公司出版
版權所有，翻印必究
ISBN：978-986-92684-4-8（精裝）
＊ 本書如有破損、缺頁、裝訂錯誤，
請寄回本公司更換

總代理：大和書報圖書股份有限公司
地　　址：新北市新莊區五工五路 2 號
電　　話：(02) 8990-2588
傳　　真：(02) 2299-7900

國家圖書館出版品預行編目（CIP）資料

書的歷史 人類知識載體的數千年大變遷
馬丁‧萊恩斯 Martyn Lyons 作；胡宗香、魏靖
儀、查修傑 翻譯．
-- 初版. -- 臺北市：大石國際文化，民 105.3
224 頁；19.2 × 25.4 公分
譯自：Books A Living History
ISBN 978-986-92684-4-8（精裝）
1. 書史
011.2　　　　　　　　　　105001694

Published by arrangement with Thames & Hudson Ltd, London,
Books: A Living History © 2011 Martyn Lyons
This edition first published in Taiwan in 2016 by Boulder Media
Inc., Taipei
Taiwanese edition © 2016 Boulder Media Inc.
All rights reserved. Reproduction of the whole or any part of
the contents without written permission from the publisher is
prohibited.

目　錄

上：龐貝城的茱莉亞・菲利斯之屋的一幅壁畫，描繪了古羅馬的書寫工具：墨水瓶與針筆，莎草書卷與蠟板。這幅畫收藏在那不勒斯的國家考古博物館。

第 1 頁：德尼・迪德羅《百科全書》（1751-72 年）中的一幅插畫，描繪出排字員工作的畫面。這套共 35 冊的百科又名《論述詳盡之科學、藝術與職業辭典》，闡明了很多當時的科技進展。

第 2 頁：美國詩人李察・霍華公寓內滿牆的圖書。

前言：書的力量與魔法

事實證明，書是史上最有用、最多變、最歷久彌新的科技之一。由於攜帶方便、易於查閱、還能集中大量資訊，書本成了不可或缺之物。我們如今很難想像，若是沒有書，西洋史上某些重大的轉捩點該要如何發生。文藝復興、宗教改革、科學革命以及啟蒙時代，全都仰賴白紙黑字來傳播並維持永久的影響力。2500 年來，不論是手稿還是印刷版，人類都用書來記錄、管理、膜拜與教育。

陷入論戰的愛書人常說，書本不需要電池、不怕電腦病毒，而且合上書本時從來不需要按「儲存」，因為資料絕對不會消失。書本從來不只是個好用的玩意兒而已。例如，它也可以是教具、是宗教情懷的來源、是藝術作品。它向來都是宗教的基礎，也是龐大政治力量的來源之一。並稱世界三大宗教的基督教、猶太教、伊斯蘭教都以聖書為中心。各地的偉大邦國與帝國也都曾從記錄稅收或訂定法律規範與判決的文書中，汲取龐大的權力。受過高壓政權統治的人明白，政府的權威與官僚體系都必須仰賴文書。「吊死所有的律師！」莎士比亞《亨利六世》第二部中，1450 年肯特郡的造反者這麼高喊，為的是捍衛口述傳統的力量、反抗當權者的書本與識字文化。1789 年的法國大革命期間，起義的農民很喜歡焚燒書面形式的稅收記錄，把它當成一項消遣活動。

人類很早以前就認為寫下的文字具有魔力。例如，加勒比海殖民時期，西班牙編年史家岡札洛·費南德茲·歐維耶多·瓦德斯（Gonzalo Fernandez de Ovidedo y Valdes，1478-1557 年）就寫到，當地原住民把他們的征服者所寫的信視為超自然之物：「對他們而言，信件知道收信人會遭遇什麼事，而他們當中最笨的某些人有時候還覺得它具有靈魂。」人種誌學者丹尼爾·法布爾（Daniel Fabre）曾經記錄 19 世紀庇里牛斯山區的一件軼事：有個女人在閱讀當時廣受歡迎的魔法手冊《小亞伯》（Le Petit Albert）時，被惡魔附身了，她無法控制自己，兩腿癱瘓，直到前往盧爾德朝聖一趟之後才好起來。在許多傳統社會中，書都具有神奇的象徵性力量，只有宗教菁英才懂得駕馭。如果有人篡奪了神職人員對文字的壟斷，就有可能被控為異端邪說，例如英國的羅拉德教派（Lollards）以及法國的

這是 1440 年左右由文藝復興時期的法蘭德斯藝術家羅吉爾·范·德·偉登所繪的〈天使報喜節〉細部圖，聖母馬利亞手中拿著一本書。這幅畫收藏在羅浮宮。

卡塔爾教派（Cathars）都曾在險境中學到這點。更別提馬雅人了，他們的書籍都被信奉天主教的西班牙征服者貼上偶像崇拜的標籤，摧毀殆盡。

在西方世界，《聖經》具有特殊的魔力與療癒力。例如17世紀的英格蘭與新英格蘭人認為《聖經》能治療流鼻血，還能保護孕婦在分娩時不產生併發症。據說在維多利亞時代晚期，有個罕布夏的英格蘭婦女因為深受痙攣所苦，所以每次都撕下一頁《新約》夾在三明治裡吃下去，最後吃掉了一整本。《聖經》也被當作神諭，在遇到困境時隨便翻開一頁閱讀，從中尋找解答。

巴黎的拉謝斯神父墓園裡有一個十分引人矚目的19世紀墓碑，整個雕成了一本書的形狀。書頁寫實地微微彎曲，每一頁的輪廓都在石頭上刻了出來。在基督教文化中，當靈魂面對最後審判時，一個人做過的好事與壞事，都被記錄在一本罪惡與救贖的巨大帳冊裡，那些最後沒有餘額的人就倒楣了。這麼看來，書也是生命本身的隱喻。

然而到了今日，書已經不再有魔法的氣息，也不再是政府不可或缺的專屬之物。它已經成了日常消費品，和肥皂或馬鈴薯沒什麼兩樣。尤有甚者，21世紀早期的我們似乎正在經歷一場資訊革命，也許會對書本的地位造成無法挽回的損害，甚至（根據最極端的預測）會把它淘汰。既然全球每年消耗的紙量愈來愈多，預言紙本科技終將消失，似乎是很荒謬的事。但這確實是個盤點的好時機，適合回顧、思考書本的歷史與演進，從手抄到印刷、從大開本到平裝口袋書、從書卷到抄本，乃至於電子書。

在基督教與猶太教裡，《生命之書》記錄著每一個曾經誕生的人的名字以及他們的善行與惡行，以供最終審判之用。巴黎東北方拉謝斯神父墓園裡的這座書形墓碑，非常忠實地表達了這個概念。

書的革命

除了印刷機的引進之外，書的歷史以及男男女女讀書的方式也發生了其他同樣重要的改變。書本最早的革命之一是抄本（codex）的發明，它起源於第2與第3世紀的基督教世界，那時的書不再只是一張捲起來的紙（scroll，或稱volumen），而是把很多張紙鬆鬆地黏在一起。換言之，抄本是一本能翻頁的

書，而不是一片可以捲起來或攤開來的長條狀東西。跟印刷術的發明不同的是，抄本的發明徹底改變了書本身的形狀，書即以這樣的質體形式存在了好幾個世紀。

另一項革命則是從朗讀到默讀的緩慢轉變。歷史學家認為，在古典時代，書是用來朗讀的，再不然就是由受過訓練的唸書人唸給觀眾聽。當時的閱讀是一種表演。但到了中世紀歐洲，僧侶漸漸開始採用默讀的作法，作為一種修行的形式。文字從這時候才開始有了簡單的標點與字距（在此之前製作書籍時，單字與單字之間是完全沒有間隔的）。這些改變讓人較容易自己默讀，也讓較不熟練的唸書人更容易朗讀。

18 世紀晚期的「閱讀革命」，見證了休閒文學的爆炸以及期刊的擴張，讓諸如英國浪漫派詩人渥茲華斯（William Wordsworth，1770 至 1850 年）等傳統主義者對此一普及現象發出憂心之語，因為在他們眼中，這種閱讀是快

在這幅 1780 年由比利時畫家李奧納‧德福蘭斯所描繪的場景中，一箱箱的書籍從歐洲各地運到一家名叫「密涅瓦之盾牌下」（以羅馬智慧女神密涅瓦為名）的店內。一群學者聚集在此互相打招呼、交換意見。德福蘭斯是啟蒙運動的支持者，他其實對近景中那幾個神職人員沒什麼好感。

速而膚淺的。愛嘲諷的人可能會說，渥茲華斯是因為自己的詩作賣不好才滿腹牢騷，但教育家和其他文學菁英也和他有同感，認為由於大量讀者轉而擁抱通俗文學，尤其是煽情小說，經典文學已經被忽視了。

到了 19 世紀，西方世界幾乎已經人人識字，儘管就學率仍然極低，直到最後幾十年才改善。英國和法國都是小學教育成為全民義務教育之前（而非之後）就已是人人識字的國家。向來有很多人反對大眾識字。保守派菁英害怕農民受了教育會產生危險的想法，說不定還會有拋棄鄉下的血汗生活、到城市裡另謀高就的本事與願望。在 18 世紀，某些美國殖民地是禁止教導黑奴寫字的。美國革命之後，南方各州連教奴隸認字都禁止了。若讓閱讀與寫字更加普及，就有可能帶來意識形態上的挑戰，甚至導致叛變。1640 年代的英國內戰和 1789 年的法國大革命這樣的動亂，更是強化了上層階級對識字能力的恐懼。有產階級偏好不問問題、也不會妄想社會晉升的雇員。直到 19 世紀晚期，某些較開明的工廠主人才開始將識字能力視為一項優點，可以維繫秩序與道德，同時也是一種管道，能對勞工灌輸高尚端正的思想。

19 世紀書籍製作的工業化也造就了另一場書的革命。一連串的科技革新徹底改變了印刷與造紙業，鐵路則為發行與銷售創造了全國性與國際性的新機會。金屬印刷機、平床印刷機，以及用植物原料而非舊布料大量生產的紙，全都起了推波助瀾之效，讓書的產量激增，價格也比從前更便宜。同樣在 19 世紀，整體的書籍產銷也發展出一個現代化、在今天看起來相當熟悉的商業模式。自 19 世紀下半葉起，西方世界就出現了一套可行的制度，終於能讓作者、書商、印刷商和出版商都有錢賺。這是最早靠支付版稅（銷售利潤的某個百分比）給作者，以及為所有參與創造智慧財產的專業人士提供國際性版權保護的制度。

最後，電子革命是自抄本以來最大的改變。它改變了書的物質型態，完全拿掉了書的傳統支撐材料：紙。電子通訊革命所引發的反應和恐懼，就和 500 多年前的印刷術一樣。一方面，網際網路和印刷機一樣，能讓知識的生產與傳播規模無限擴大，但同時也能更有效地散播謊言與無稽之談，這一點也和印刷機一樣。15 世紀的羅馬天主教會發現自己對知識傳播的控制權被削弱了，就像今日的某些主權政府一樣。若從更宏觀的「活歷史」角度來看書，當代許多關於網際網路與電子書興起的憂慮，其實也跟印刷術剛出現時，那些既驚恐又天真的慷慨陳詞沒什麼不同。

普朗坦－莫雷圖斯工作室的印刷機與設備。這家出版社於 1555 年由克里斯多夫・普朗坦成立，自 1589 年起即由他的女婿伊恩・莫雷圖斯與後代經營。這棟位於安特衛普的建築物如今是一間印刷史博物館。前景中是克里斯多夫・普朗坦所作的詩：《這個世界的幸福》。

資訊科技領域近年來的變化速率似乎快得嚇人。如果把整個文書通訊的歷史想像成一個月曆年，以蘇美人首創文字為 1 月 1 日，那麼抄本就是在 9 月發明的，古騰堡（Gutenberg）在 11 月底發明活字印刷機，網際網路這個最徹底的改變是在 12 月 31 日中午發明的，而電子書則是在當天傍晚問世。我們的社會並不是地球上第一個「資訊社會」，也絕對不會是最後一個。

書籍工作者

書的故事談的並不是那些家喻戶曉的作家。書的生產向來視社會、政治、經濟與文化脈絡而定。文學創作的歷史不能只是談論知名小說家、曼布克獎或襄古爾文學獎得主，或是比方說只談論通往雪梨歌劇院那條步道上鑲嵌的偉大澳洲作家紀念牌。書的歷史也涵蓋了小眾興趣，以及科幻小說、日本漫畫、短篇羅曼史這樣的低級文類。因此在本書中，我們不需要太過著墨於文學名聲。就像布萊希特在〈一個有閱讀習慣的工人的問題〉這首詩裡提到的：「中國長城完工的那一晚，石匠都去了哪裡？」在瀏覽世界偉大文學作品的同時，

我們有時也該提出一個類似的問題：書究竟是誰「製作」的？

作者寫的不是書，而是文稿。文稿再由編輯、設計師與插畫師修潤、改造、詮釋。出版者必須決定開本、紙質與價格。紙張本身也要有人生產。文稿必須排版、印刷、裝訂；在較早的年代則必須由抄寫員辛苦抄寫。宣傳與廣告瞄準特定消費市場，將商業策略付諸實行。倉儲與物流系統負責儲存書籍、把書派送給書商。作者個人的創作天賦雖然在浪漫運動下被賦予高人一等的地位，但他其實只是這條複雜生產鍊中的一個元素而已。

讀者也是這個過程中一個不可或缺的元素，可能還是最重要的。而閱讀本身也有它的歷史。很多讀者，尤其是在從前書還很稀奇昂貴的時候，把書本尊為啟示或智慧解放的重要泉源，也有些人閱讀文學作品純粹是為了逃離現實或當作休閒娛樂。富裕國家的現代讀者經常把書當成消費品，為了忙著追新嘗鮮而可以輕易被丟棄取代。有時我們看書的方式就像剛剛上完一個速讀的速成班，慢讀的藝術就和「慢食」的藝術一樣，正逐漸消失。

給書籍本身下定義是一件危險的事。我偏好含括式而非排除式的說法，因此我提出的定義非常寬鬆。例如，書不一定得是一疊裝訂在一起、印有文字的紙—亦即我們今日最熟悉的傳統抄本形式。如果這麼定義，就排除了有印刷術之前那兩千年間存在過的書，以及抄本問世前文書通訊的各種形式。以抄本為基礎的傳統定義方式，也會把超文本和虛擬書排除在外，因為它們已經沒有書的傳統支撐材料。我想要廣納所有的形式，從楔形文字手稿，到

印刷抄本,乃至數位化電子書,把書的歷史一路上溯到書寫系統的發明本身。這麼一來,「書」這個字就成了一種縮寫,可以代表過去的社會運用各式各樣的材料發展出來的諸多文書通訊形式。

　　本書在地理上的焦點主要在歐洲與北美洲,各章節的年代節奏則是根據西方世界的事件訂定的。然而,要論書籍與文字的歷史,西方世界絕不能自稱前輩。故事至少必須回溯到美索不達米亞的書寫系統,也必須承認印刷術的誕生地除了歐洲之外,還有中國與韓國。當然,今日的書籍生產並不限於西方世界,日本、南美洲與中東的大量文學作品就證明了這點。但西方世界很重要,因為印刷機是在那裡誕生的,也因為那裡率先達到了人人識字,而識字能力普及所帶來的一切文化與政治震盪也都是在那裡發生。電子革命也源自西方世界,儘管它的影響是全球性的。因此我一方面著眼於廣大世界,一方面聚焦於單獨的個案研究,用來說明全貌。例如,阿爾杜斯‧馬努提烏斯(Aldus Manutius)與克里斯多夫‧普朗坦(Christopher Plantin)代表文藝復興時期印刷與出版的新發展,而華特‧史考特(Walter Scott)則代表大眾小說的興起。本書中,地方性的現象都定義了全球的趨勢。

在印度的因普哈,敬拜黑天神的斯里戈文達吉神廟內,一位馬尼浦人祭司正在閱讀一本古老宗教典籍裡的禱文。

1 古典與中世紀世界

古典世界，只有極少數官僚與高階神職人員懂得讀書寫字。例在古埃及，可能只有1%的人口會寫字，這一小群人包括了法老、的管理幹部、軍隊領袖、可能還有他的幾個妻子，此外就是祭。古典社會以圖像或符號記事，寫在樹皮、棕櫚葉、香蕉葉、片、黏土、莎草紙、龜甲、竹片或絲綢上。絕大多數人口都在字邊緣。

古典時代有一些關鍵性的突破：中國人發明了紙，希臘人則展出一套極具影響力的字母（雖然他們並不是最早發明拼音文的人）。所有的古典社會中，羅馬或許擁有最高的識字率。唯透過文字通訊，才可能在從不列顛到北非、從西班牙到多瑙河版圖上遂行管理，並落實帝國的法律系統與軍事力量。

大約從公元6世紀開始，羅馬的緩慢衰亡與「野蠻人」的入造成了這個識字世界的崩毀。識字率下滑，學術圈四面楚歌。8、9世紀維京人開始在北歐海岸燒殺擄掠時，劫匪專門鎖定修院等文化中心，因為這些地方收藏的不只是書本，還有珍貴的物可供侵略者掠奪。但在這個所謂的「黑暗時代」，出現了兩重大且創新的發展：對抄本的偏好逐漸超越書卷，朗讀也逐漸默讀取代。

這幅高盧羅馬時代的浮雕細部圖上，刻著一個男孩拿著書卷聽一位希臘老師上課的畫面。浮雕位於莫瑟爾河畔紐馬根（古代高盧、今日德國）一座墳墓的柱子上，年代大約是公元前3或2世紀。

美索不達米亞

地球的遠古人類在岩石上與洞壁上留下了最早的字跡。一直到 1940 年，法國西南部拉斯科洞穴（Lascaux）內部的鹿和野牛圖像才被人發現，創作年代大約是公元前 1 萬 5000 年。西班牙的錢幣洞穴（Cueva de las Monedas）裡則有冰川時期的馴鹿圖像。澳洲原住民在卡卡杜（Kakadu）留下的赭石繪畫，可能比歐洲的這些作品還早了幾千年、甚至可能是幾萬年。這些都是圖像文字。文字成為一套完全編碼的記錄系統是很久以後的事，時間大約是公元前 4000年左右，出現在位於今日伊拉克南部的都會神廟官僚組織內。

這種名為楔形文字（cuneiform）的書寫形式誕生於蘇美。在這裡，會計師會用尖尖的針筆，在和信用卡差不多大的泥板上刻下符號與數字，以記錄資產。現代人之所以稱這套書寫系統為楔形文字，是因為它是把楔子壓在軟軟的黏土上寫成的（在拉丁文中，cuneus 就是楔子的意思）。寫好之後，泥板就被放在太陽下晒乾。

後來，美索不達米亞的文字轉為其他用途：記錄法律合約、題字獻給神明，以及寫作文章。到了公元前 2000 年，就已經有專門傳授寫字這門祕術的書吏學校—1950 年代考古學家就在幼發拉底河附近的尼普爾（Nippur）找到了

一塊蘇美人用來記錄神廟帳務的楔形文字板，年代在公元前 2100 年左右。

這塊所謂的「洪水泥板」記載了史詩《吉爾伽美什》，出土於伊拉克北部的尼尼微，年代是公元前 7 世紀。這是 12 塊泥板中的一塊，以阿卡德語描述英雄烏特納匹什提姆（**Utnapishtim**）接獲諸神的警告得知洪水將至，因此造船逃生的故事。

一間。泥板也用來記載蘇美文學，此外也有神話、讚美神明的詩歌，甚至還有笑話。在 19 世紀中到 20 世紀初之間，有 2 萬 5000 個泥板在尼尼微（Nineveh）出土，內容是以阿卡德語寫成的史詩文學以及卦象解析。這些泥板來自尼尼微的亞述拔尼巴王（King Ashurbanipal，公元前 668 至 630 年左右）的學術圖書館，裡頭也有亞述語版的史詩《吉爾伽美什》（Gilgamesh）。《吉爾伽美什》描寫的是蘇美城市烏魯克（Uruk）的一個神話國王追求長生不死的冒險故事。故事中也有一段洪水的情節，跟《聖經》記載的大洪水有些雷同。

和古典世界的其他許多社會一樣，在美索不達米亞也是只有少數專業人士識字。用來記錄稅收與法律事務的楔形文字泥板是行政人員唯一的依據。解釋聖書的權利由祭司壟斷，一如只有他們可以從獻祭動物的內臟裡「讀」出訊息。因為識字的緣故，他們享有特權，成了凡塵與死後世界之間的媒介。

在這幅公元前 8 或 7 世紀的亞述人浮雕中，兩個書吏（中央）正在登記一場成功的軍事行動所帶來的成堆戰利品。這類敘事性的雕飾目的是褒揚國王的成就。

古代中國

已知最古老的中國文字大約出現在公元前 1400 年左右。超過 5 萬片刻有文字的龜甲在河南省北部洹河邊的小屯遺址被發掘出土，包含了大約 4500 個不同的字。（事實上，中國文字有可能比這還些龜甲還早了幾千年：2003 年在河南賈湖出土的類似符號最早可追溯到公元前 6600 年，但專家對於它們是否算是文字尚無共識。）這種早期的中國文字是用來卜卦的。巫師先把龜殼或牛的肩胛骨放在火上烘烤，烤到出現裂痕後，再根據這些裂痕回答客戶的問題，而為了清楚起見，往往會用刀子把「答案」刻在甲骨的表面上。問題的銘刻方式通常是由上而下、由右而左——中文的傳統書寫方式至今依然是這樣。這種作法讓占卜者可以透過閱讀與書寫，跟一個超自然的宇宙產生聯結。

中國最早的書本形式出現在公元前 6 世紀，稱作「簡冊」或「簡牘」——這是一卷卷用繩子串在一起的竹片或木片，上面有用洗不掉的墨水寫成的文字。製作簡冊的人先把竹子的外皮剝掉，再切成某個特定長度，約 20-70 公分不等。接著把這些竹塊縱向剖開，形成 1 公分寬的竹條，再放到火上烘乾，製成獨立的竹板，每一片都寫有一行直書文字。然後再用麻、絲或皮革把竹片綁在一起，形成可以捲起來的書冊。由於容易腐朽、墨水也容易褪色，現存的早期簡冊非常稀有，但這種技術在紙張問世後很久都還有人採用。中國早期的書本主要是文武官員執行公務用的，但自從孔子（公元前 551 至 479 年）時代之後，書就成了學習的重要工具，傳遞哲學、醫藥、天文與地誌學的論述。

絲絹被廣泛用於書寫，尤其是在戰國時代（公元前 475 至 221 年）。這種布料很輕，耐得住長江地區的潮溼氣候，吸墨能力佳，還能為文稿提供潔白的底色。但絲絹比竹子昂貴得多——有時候，重要的文獻和插畫書被謄寫到絲絹上之前，會先用竹子製作一份初稿。

根據中國人的傳統說法，紙的發明者是公元前 105 年一位名叫蔡倫的宮廷太監。他用新的原料——破布、麻、樹皮和漁網——研發出一種造紙術，基本上和現今依然採用的造紙方法非常相似。首先把纖維泡在水中，讓裡頭的細絲散開，再用一面細紗網撈出來，形成薄薄一層互相糾結的纖維，之後再晾乾、漂白。紙問世之後，過了好幾百年才取代竹片和絲絹，但到了公元

中國河南省安陽出土的一塊龜甲，年代為公元前 12 世紀的商朝。當時的人把烏龜腹部的保護殼加熱，烤出明顯的裂痕，再根據這些裂痕預測降雨、收種情形，或是軍事行動的可能結果。「答案」常會用刀刻在龜甲上。

戰國時代的竹片，上面寫有道家基礎文獻《老子》的部分文字。共有三捆像這樣的竹片於 1993 年在中國湖北省荊門市的郭店一號墓出土。

2 世紀末，中國朝廷就已經大量使用紙張。這項技術直到公元 610 年才傳出中國，更是等到 12 世紀才經由西班牙傳入歐洲。

公元前 2 世紀，漢武帝罷黜百家、獨尊儒術，而紙張就在儒家思想的普及上扮演了關鍵角色。漢代君主原本是透過大塊的雕刻石板把儒家著作傳達給子民。至今依然可讀的最古老石經年代在公元 175 年，當時在位的東漢靈帝命人將《五經》和《論語》刻到了石板上。這座「圖書館」」耗時八年才完成，石板有將近 50 塊，每塊高 1.75 公尺，共超過 20 萬字。紙張興起後，這些石板「書」讓人得以進行一種原始形式的印刷：學者只要把紙放在石板上，以石墨拓印，就可以迅速得到一份黑底白字的文本。

中國人在公元 8 世紀中葉之前發明了雕版印刷術。雕版印刷不像印刷機一樣需要重壓：反之，印刷者是把紙放在沾了墨的雕版上，摩擦紙張的背面。這種方法只能進行單面印刷，但印刷工具只要一個人就可以攜帶操作，每天能印上好幾千頁。雕版印刷術早期的散播，是為了因應大量複製佛教經文與圖像的需求，而日曆、修行手冊和字典也同樣供不應求。現存最早的中國印刷品，是公元 868 年在敦煌莫高窟發現的《金剛經》，這個紙本文獻寶庫原本被封死，20 世紀初才首度發掘，然而印刷術要到公元 10 世紀才變得普及。唐明宗（公元 926 至 933 年在位）批准官府以雕版印刷儒家的《五經》，不久這個方法就成了中國書籍生產的主要方式。

中國印刷者在公元 1100 年左右首度發明了活字印刷，這項發展雖然是革命性的，但對印刷的影響程度卻不及 400 年後古騰堡（Gutenberg）在歐洲獨立發明的活字印刷。歐洲語言是以為數不多的字母組成，但中文卻必須動用到成千上萬個不同的字，因此採用獨立雕造的木版，遠比使用數量龐大、可重複使用的活字有效率得多。此外，古騰堡發明活字印刷術之後的幾百年間，西方世界的書寫藝術就逐漸式微，而中國書法在印刷術興起之後卻仍保有崇高地位。書法是一門珍貴的社會藝術，一直有人相信要吸收一本書的內容，最好的方法就是用手抄寫它。然而到了 15 世紀末，中國生產的書就已經超過了世界其他地區的總和。

這部《金剛經》是目前已知年代最早的印刷書。經文包含了一段跟佛陀的對話，這個收藏在大英圖書館的木版印刷本製作於公元 868 年，比古騰堡發明印刷術還早了將近 600 年。圖為一份總長將近 5 公尺的書卷中的一部分。

莎草紙、羊皮紙和紙

莎草紙是最早的紙張形式，在古代希臘、埃及和羅馬用來做書。修昔底德（Thucydides，公元前 460 至 400 年左右）、柏拉圖（Plato，公元前 428 至347 年左右）和西瑟羅（Cicero，公元前 106 至 43 年）全都把作品寫在莎草紙上。當時埃及的莎草紙外銷到了整個地中海地區。

埃及人用生長在尼羅河三角洲沼澤裡的莎草製作莎草紙，壟斷了莎草紙的生產，祕訣絕不外傳。首先小心地剝下莎草莖的皮，一條條鋪排成一層，接著再鋪上第二層，與第一層成直角。然後壓緊，植物的汁液會把兩層黏在一起。製好的紙張再用浮石或貝殼打磨拋光。由於莎草紙是兩層疊在一起形成的，兩面的紋理不同，因此分成正面（橫向紋理）與反面（縱向紋理），且通常只用光滑的那一面寫字。紙張可以切割成需要的大小，必要時也可以黏成更長的書卷。在法老時代，書卷通常不超過 6 公尺長，但也有一些長得多的書卷在墳墓中被發現。卷末會黏上一根木棒，稱為「肚臍」（拉丁文umbilicus），能讓書比較好拿。

公元 1 世紀，羊皮紙開始跟莎草紙分庭抗禮。這項新科技最初的拉丁文名稱叫做 charta pergamena（意思是「帕加馬紙」），因為它的發源地據說就

這份埃及莎草紙文件放置在死者的墓室內，是胡內佛（Hunefer）的《死者之書》，年代在公元前 1375 年左右。左側上半部的圖畫，由右而左依次是白色的墳墓、一座超大石碑、一個戴著阿努比斯神豺狼面具的祭司扶著胡內佛的木乃伊、他守喪的家人，以及幾個披著白色肩帶的祭司。下半部則描繪一頭小牛即將被用來獻祭的場景。

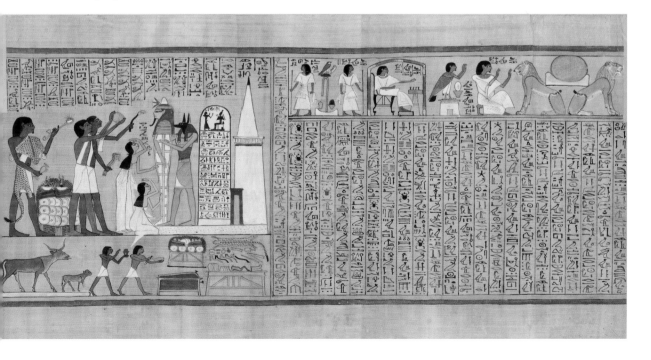

在今天土耳其的帕加馬。羊皮紙有幾點優於莎草紙。莎草紙在潮溼的環境下很快就腐爛了，因此不適用於歐洲較潮溼的區域。反之，用動物皮革製成的羊皮紙就比較耐用，而且可以摺疊，也能跟其他頁面縫合在一起，還可以擦拭乾淨再次使用，palimpsest（重寫本）一詞原本指的就是以這種方式回收使用的頁面。羊皮紙也為羅馬人帶來了經濟利益，不像莎草紙必須從埃及進口。但準備羊皮紙需要的工很細，必須把皮革曬乾、刮乾淨、用浮石磨平，然後再打上蠟。今日我們砍伐森林來生產新聞用紙，而公元最初幾個世紀的人則必須屠殺牲口才能有羊皮紙寫字。牛、綿羊、山羊、兔子，有時甚至連松鼠都被抓來做羊皮紙。其中小牛皮被視為極品。例如，12 世紀的溫徹斯特《聖經》總共使用了 250 張小牛皮，但他們最初蒐集了超過 2000 張，稍有瑕疵就捨棄不用。在書寫行為並不普及的社會，才可能這樣消耗紙張。羊皮紙非常昂貴，因此將最終版本託付給抄寫員之前，最

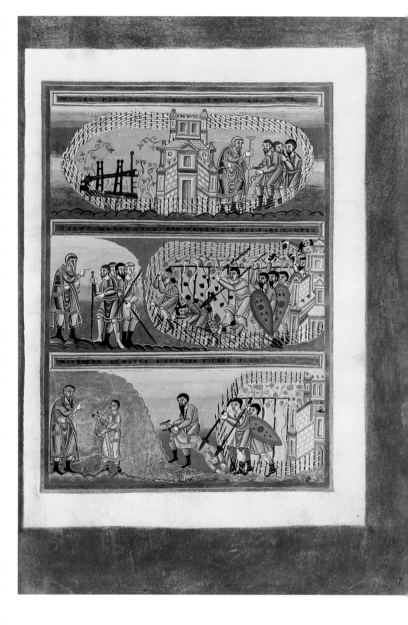

好先在蠟板上製作初稿。羅馬時代晚期與中世紀早期，官方文件與精裝手稿會以摻了金和銀的墨水，寫在用昂貴的紫色顏料染過或塗過的羊皮紙上，以此展示帝國的權力與財富。

　　紙張源自中國，公元 2 世紀晚期開始在中國境內廣泛使用。中國的紙很薄，且通常只有一面可以寫字。阿拉伯人於 8 世紀透過他們在中國的聯絡人學會了造紙術，之後紙才在 12 世紀，經由穆斯林統治的西班牙，從阿拉伯世界傳入歐洲。

這張色彩豐富的羊皮紙出自《奧瑞斯抄本》（Codex Aureus），這是一本有泥金裝飾的福音書，於 11 世紀在厄克特納赫（位於今日盧森堡）的本篤會修道院製作完成。畫中描繪的是葡萄園的寓言。

古代希臘

字母文字的出現被奉為一項決定性的進步，讓閱讀與書寫技巧變得更容易學習。公元前第 6 與第 5 世紀發展出來的希臘字母表與更早的符號系統不同，因為它完全採拼音方式；也就是說，跟中國象形文不同的是，字母代表的是人類發出來的聲音。希臘人找到了可以把母音、子音與音節抄錄下來的方法，因而創造出一套符號系統，這套系統最後更是打破了神職人員對文字的壟斷。一個中國學者可能得花上一輩子的時間才能把成千上萬的字學好，而相較之下，希臘字母只要幾天就可以學成。

雖然這項革新往往歸功於希臘人，但他們的拼音字母卻非絕無僅有。例如，他們就參考了以符號來代表聲音的腓尼基字母表。閃語族的希伯來文和阿拉米語也都有自己的字母表。其他這些文字的字母表裡都只有子音，希臘人加了母音進去。儘管這讓閱讀變得比較容易，但古代希臘的識字率卻還是不普及。大約從公元前 5 世紀開始，雅典的文字使用率開始提升，但諸如斯巴達等其他城邦依然落後。即使在雅典，農民、奴隸和大多數婦女也還是不識字，書籍為稀有之物。悲劇作家尤里皮帝斯（Euripides）擁有幾卷莎草紙，

一塊來自公元 2 世紀希臘的寫字蠟板，供學生練習之用。上方那兩行整齊的字可能出自詩人米南德之手，學生在底下重複抄寫了兩次。蠟板上鑽有孔洞，可以把幾塊蠟板串在一起。

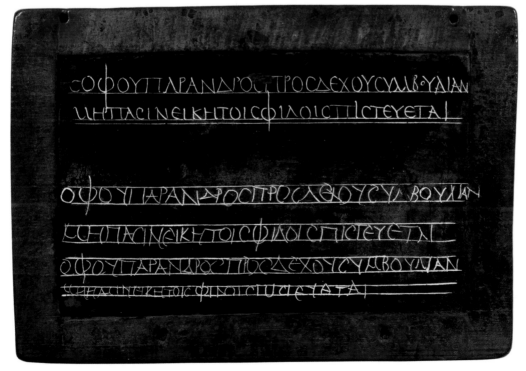

但他算是特例。

　　閃語族文字的書寫方式是從右而左，而希臘文不一樣，讀和寫都是從左而右。然而，書寫者偶爾也會從上一行結束的地方開始寫下一行，因此讀起來會變成左到右、右到左、左到右，依此類推。這種「牛耕式轉行書寫法」（boustrophedon）據說是在模仿牛犁田的路徑，直到 6 世紀都還有人使用。希臘人和羅馬人一樣，寫的都是「連續文」（scriptio continua），也就是文字稿裡沒有任何空隙，不僅字與字之間不空格，段落之間沒有斷點，而且完全沒有標點符號，寫完一句就接著寫下一句。這種完全連續的文稿非常難閱讀，讀懂它的唯一方式就是朗讀。一旦化為口語，自然的間隔就會浮現，文稿也有了意義。古代希臘人想法中的閱讀就是這個樣子：是一種口語表演，私人

的詩歌朗誦會（symposium）就是一例。作者的角色跟作曲家很相似。必須等到有人透過朗讀將他的文字化為聲音，他的工作才算完成。

荷馬的《伊里亞德》出現在公元前大約700年，以一個由許多不同作者共同創作的悠長口述傳統為本。「荷馬」本身很可能也是很多位不同詩人的集合體，沒有人知道他們的身分。作品的某些部分可能是根據記憶背誦的，某些則是表演時即興創作的。《伊里亞德》並不是一位天才的作品，而是好幾代人共同的創作成果，這份代代相傳的遺產經歷了一連串詩人的更新與改造。「荷馬」是一個在以口耳通訊為主流的社會才有的產物。

紙在古代希臘非常稀少，因此各種材料都被拿來進行文書通訊，包括成片的皮革或蛇皮。雅典人會在破陶片上寫字——這就是他們的紙頭。法律文件在雅典人生活中所扮演的角色愈來愈重要，但圖書館與檔案庫的發展卻很緩慢。雅典的市立檔案庫成立於公元前405年，地點在梅特恩（Metroon），那裡的文件都收藏在彌封的罐子裡，以現代眼光來看，要查閱是極端不方便的事。在帕羅斯島（Paros），合約都被寄存在神殿裡以求保險，而且還有一道額外的防護措施：若有人敢對它們動手腳，就會受到公開的詛咒。在雅典之外的地方，支配法律程序的是習俗與傳統，而非書面記錄。希臘人還是高度仰賴個人的記憶。

上：公元前490-480年的希臘雙耳陶瓶，是由通稱為「克里歐佛拉德斯」（Kleophrades）的不知名雅典畫家所作，描繪一個蓄鬍子的詩人拿著手杖站在一個柱基上，文字如瀑布般從他口中流瀉而出。

左：雅典廣場的陶片（ostraka），上面有針筆刻的字跡，年代在公元前487-416年。其中三片寫有被驅逐出境的政客將軍特米斯托克雷斯（Themistocles）的名字。

亞力山卓大圖書館

古典世界最有名的圖書館位於埃及的亞力山卓，成立於公元前 3 世紀上半葉，埃及國王托勒密一世（索特）與托勒密二世（斐拉德菲斯）在位期間（公元前 322 至 246 年）。這座圖書館是博物館的一部分，整個博物館還包含了一座花園、一座大食堂、一間閱覽室、一些演講廳與會議廳，為現代大學校園創造了典範。

他們企圖將已知世界所有的知識統統蒐羅在一起。信差被派往羅德島與雅典的書市購買書籍。國際學者也在贊助之下前來。根據蓋倫（Galen）的說法，任何造訪亞力山卓的船隻都必須交出他們的書，以立刻進行抄寫——原本的主人會拿到一份抄本，原版則由法老收存在博物館裡。亞力山卓圖書館的藏書網羅了當時希臘作家的最佳文稿，此外也有非希臘人的作品，例如希伯來文的《舊約》。這間博物館就以這樣的方式，確立了托勒密王朝的國王在希臘與非希臘世界的權力。

全盛時期的亞力山卓大圖書館據說收藏了將近 50 萬份書卷。詩人卡利馬科斯（Callimachus）在公元前 3 世紀中葉受聘於此，創造了史上第一份按字母順序排列的圖書館目錄。托勒密二世斐拉德菲司甚至成立了一座分館，名叫「塞拉

佩恩」（Serapeum），這間分館比較像是公共圖書館，而本館則是為學者設計的。

仿效亞力山卓的做法蒐集希臘書籍，成了文化地位的一種象徵，因此帕加馬的圖書館也在公元前 3 世紀下半葉成立，直接與亞力山卓分庭抗禮。當時有關希臘的學術研究備受尊崇。例如，荷馬是讀書人必讀。有很多荷馬作品的莎草紙碎片在埃及出土。在希臘化的地中海城市，如俄克喜林庫斯（Oxyrhychus）、艾費蘇斯（Ephesus）、帕加馬和科林斯，尤里皮帝斯（公元前 480 年至 406 年左右）和狄摩西尼（Demosthenes，公元前 384 至 322 年）的作品也屬於必修課程。

根據一段子虛烏有的傳說，亞力山卓大圖書館在公元前 48 年遭焚毀，因為當時凱撒大帝放火燒埃及海軍，結果火焰意外蔓延到岸上的港口建築。儘管凱撒放的火可能真的燒毀了一座書庫，但亞力山卓大圖書館根本不在港邊。事實上，20 年後都還有希臘學者說自己在那座圖書館工作。圖書館應該是在公元 273 年羅馬皇帝奧勒良（Aurelianus）攻下亞力山卓的時候被摧毀的。2002年，新亞力山卓圖書館（Bibliotheca Alexandrina）在亞力山卓大學、聯合國教科文組織與埃及政府的支持下成立，是一座大規模的圖書館與博物館建築群，地點就在古亞力山卓圖書館的遺址附近，目標是重建亞力山卓的地位，成為21 世紀偉大的知識與文化中心之一。

上：一塊寫有荷馬《奧德賽》的莎草紙碎片，源自公元前 285-50 年左右的希臘時期早期，在埃及發現。莎草紙上的文字通常是用削尖的蘆葦沾黑墨水寫上去的。亞力山卓圖書館尤其重視荷馬文稿的蒐集。

左：在新亞力山卓圖書館，主閱覽室上方是一面挑高 32 公尺的玻璃屋頂，像一個日晷般斜斜傾向海邊，直徑有 160 公尺。牆壁以亞斯文的灰色花岡岩建成，刻有 120 種不同的文字。

古代羅馬

羅馬帝國充斥著文字。羅馬城裡到處都是對公眾發布的銘文：十字路口的祭壇上有、石棺上有、公共紀念碑上有、界碑上也有。由於帝國疆土遼闊，所以必須有愈來愈多的法律、軍事與官僚人員來進行日常管理，而這些人不斷製造文書記錄。在帝國的鼎盛時期，基本的識字能力即使在平民階層都很常見。留存在奧斯提亞、龐貝和赫克蘭尼姆的塗鴉，暗示那裡曾有一個由士兵與工匠組成的廣大階層，他們擁有粗劣的書寫能力（而且若從奧斯提亞那些對性行為的淫穢塗鴉來判斷的話，他們還很愛寫猥褻之語）。

羅馬最早的偉大圖書館內全是從戰爭中奪來的寶物。例如，埃米利烏斯

龐貝城富饒街上的紅色競選塗鴉。

·保盧斯（Aemilius Paulus，公元前229至160年左右）就搶走了馬其頓國王佩西烏斯（Perseus）的藏書，帶回羅馬。在凱撒大帝（公元前100至44年）與他的繼承人奧古斯都（公元前63年至公元14年）於帕拉帝諾山上成立阿波羅圖書館之前，羅馬城內並沒有公共圖書館，但羅馬的大人物都擁有私人藏書。西瑟羅（Cicero，公元前106至43年）在羅馬和他的兩座鄉間別墅都藏有希臘文和拉丁文書籍。這一批雙語的羅馬菁英非常崇尚希臘學術：公元前1世紀，歷史學家與哲學家普魯塔克（Plutarch）就曾經讚揚魯庫魯斯（Lucullus，公元前118至57年），因為魯庫魯斯把自己的圖書館開放給希臘學者使用，並且提供陳列室與小廂房讓他們休息。書本屬於有錢有閒的權貴世界，並不是羅馬的泛泛大眾熟悉的東西。

　　羅馬貴族雖然愈來愈喜愛書籍，但他們還是非常尊崇口語文學的傳統文化。最常見的形式就是朗讀以「連續文」寫成的莎草紙書卷。有錢的贊助人會雇用一個朗讀者，也可能會在家中養一個奴隸來為他們朗讀。公元1世紀，詩人常邀請聽眾來聽他們朗讀史詩，因為這麼一來，教育程度較低的人就能「聽見」他們的書了。維吉爾（Virgil，公元前70至19年）就曾演出自己的作品，而且大受讚賞。但口語表演有時也會太過火——根據詩人賀拉斯（Horace，公元前65至8年）的看法，陶冶粗俗大眾可能會貶低一部史詩大作的地位。在大男人色彩濃厚的羅馬文化裡，取悅刺激群眾有時會被視為娘娘腔的行為。

　　在公元後的前幾個世紀，羅馬的讀者圈逐漸擴大。例如歐維德（Ovid，公元前43年至公元18年左右）寫東西不只給少數親密好友看，也給一群包括女性在內的不知名讀者看。占星預言以及情色、煽情與逃避現實的文學都很吸引沒受教育的讀者。在公元1世紀，哲學家塞內卡（Seneca，公元前3年至公元65年）就曾哀嘆那些沒文化的有錢人如何拿他們根本沒讀過的書來裝飾住家。

　　到了第3世紀，往昔的偉大羅馬圖書館就都已經不復存在。羅馬帝國的衰亡以及「蠻族」入侵的突襲行動造成了書寫文化的萎縮。識字率以及既支持也需要文書通訊的都市基礎建設都崩毀了。這加速了許多羅馬學術機構不可逆轉的衰亡，唯有受到基督教會維護的，逃過一劫。

龐貝的一幅溼壁畫，女子正在瀏覽紙卷。

日本折本與《源氏物語》

折本（concertina books）於平安時代（公元 794 至 1191 年）首度從中國傳入日本。它的製作方法通常是把好幾張紙黏在一起形成長條狀，然後交替折疊成手風琴的形狀。可能會有一條線穿過邊緣，以便把書攤開或捆緊，最後再加上封面，可能是一塊木片或保護用的厚紙。折本經常使用一種以桑樹纖維製成的細緻亮面紙張（日文叫鳥子紙）。

　　折本這種裝訂方式的靈感，可能是來自中印貿易路線上流傳的貝葉經（寫在棕櫚葉上的佛經）。它比書卷容易攜帶，且讀者可以隨著閱讀進度一邊折疊一邊展開。傳統的日本折本只有一面有圖文，內容為佛教經文。然而，某些繪畫與書法的折本是把紙黏在一起，好讓雙面都可以書寫。現代的佛教經書、曆書以及折疊地圖依然會採用這種形式。

　　自 12 世紀開始，以折本形式出現、最受大眾歡迎的書之一就是宮中女官紫式部（公元 973 至 1031 年左右）所寫的長篇羅曼史《源氏物語》。這部小說共 54 章，描述天皇與一個妃子所生的兒子光源氏的仕途與風流韻事。由於

寫有《源氏物語》的最早書卷。《源氏物語》是日本的長篇宮廷羅曼史，號稱全世界第一部小說。

母親出身低微，光源氏完全沒有王位繼承權。在宮廷生活的性別政治裡，源氏的女人都扮演被動的角色，總是躲在屏風與簾幕後悄悄觀察主要情節。人物的心情反映在季節的更替與其他自然現象中。故事帶有些許佛教色彩：慾望所帶來的永遠是悔過與報應。《源氏物語》是宮廷人士最喜愛的作品之一，不僅被拿來朗誦給天皇欣賞，還被製作成飾有大量金箔銀箔的畫卷與插畫折本。後來《源氏物語》中的場景還出現在高雅的扇子、家具與屏風上。1650年，山本春正為《源氏物語》製作了227幅木版畫。今日我們可以看到漫畫版的《源氏物語》，讓這部或許是世界最早小說的作品，延續一個結合文字與圖像的千年傳統。

兩幅17世紀的《源氏物語》插畫。左圖為京都藝術家山本春正（1610-82年）的作品，右圖則由住吉如慶所繪，採用的是住吉畫派特有的高視角。

古代佛經

一般相信佛陀在公元前5或6世紀的某個時刻達到了涅槃。去世後，他的教誨（佛教中稱為「法」）透過口語傳播留存了好幾個世代。直到公元前1世紀，佛教教條才被人以文字形式寫下。

　　公元紀年之初，一套以基本佛教經文組成的正典開始出現，名為《大藏經》。這套正典非常有彈性，畢竟佛教分成很多派別，分散在亞洲各地，每

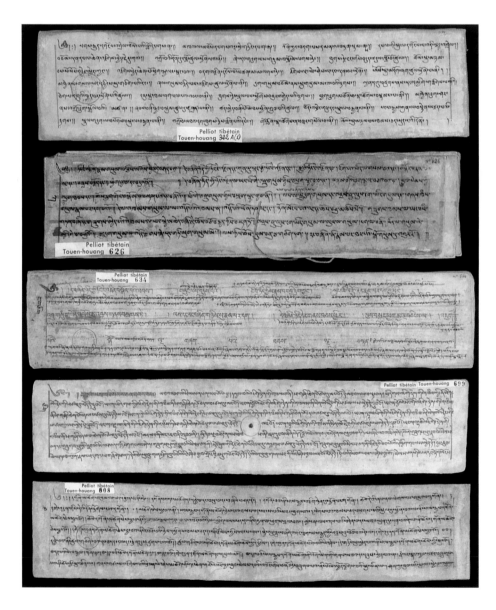

佛教經文透過西藏的貝葉經從印度傳入中國。圖中這些經書是法國漢學家保羅‧佩里歐於1908年在中國古絲路上的敦煌一個封死的洞穴中發現的。

《高麗大藏經》收藏在韓國海印寺的圖書館內。這是一套13世紀的佛教經書，雕刻在超過8萬片木板上。

一派都發展出自己的傳統。

佛教經書以各種不同的語言文字出現，僧侶帶著它們在亞洲跋涉千里。在斯里蘭卡，佛經是以巴利文或僧伽羅語寫成，在印度則是以梵文或坦米爾語。佛教經文也以緬甸文、高棉文、泰文、中文、藏文和維吾爾文寫成。例如，教人獨處之好處的《犀牛角經》以零碎的片段存在，語言有巴利文、梵文和古老的犍陀羅語（犍陀羅國是位於今日巴基斯坦與阿富汗的一個古國）。

即使在文書出現之後，佛教徒依然重視背誦經文的藝術，經文是以格言或敘事形式寫成的教條。佛教經書是備受尊敬的聖物。抄寫佛經這個動作可以讓抄寫者更接近完美，也可為他積功德。蒙古和中國的佛教書吏以毛筆抄寫佛經，並且運用辰砂、金、銀和其他如綠松石、青金石和珠母等等的珍貴物質，發展出以彩色墨水繪成的插畫。18世紀的蒙古人甚至會用有香味的墨水來讓經文的地位更加崇高。

佛教抄經者通常是把經文寫在棕櫚葉上。葉子先曬乾,切成大小差不多的長條狀。接著用金屬筆在上面刻字,再塗上黑墨水。待墨水乾後,把多餘的墨水擦去,就會留下黑色的文字。這時在葉子上打孔以便穿線,然後以兩個木片夾住固定。在不產棕櫚樹的地區,人們常以樺木代替。經書以許多不同的形式出現:書卷或裝訂在一起的葉子,有時也會寫在布料、絲綢或金屬板上。公元 7 世紀以後,中國的雕版印刷在諸如西藏之類的地方受到使用,但手工抄寫經文、繪製插圖依舊是個崇高的職業。

　　寫在棕櫚葉上的手稿很脆弱:例如在斯里蘭卡,不是在潮溼的氣候下腐爛,就是被老鼠和蟲吃掉。由於必須一再重抄,佛教經文並非永遠不變,而是會不斷經歷再生,每重抄一次,就會悄悄產生變化。到了更近代,這些文獻很多都毀於傳播基督教的殖民者之手,例如 16、17 世紀在斯里蘭卡的葡萄牙人,19 世紀則是被歐洲的收藏家侵占。而在 20 世紀承受了共產改革者間歇性的攻擊以及我們這個時代穆斯林極端主義者的敵意之後,這些手稿還是流存了下來。

中國四川省甘孜藏族自治州的德格印經院內,神聖的經書裝在櫃子裡。這座印經院建於第 7 世紀,收藏著20 萬份刻在木板上的藏文書籍。

從書卷到抄本

少本的發明，是書的歷史中最重大也最持久的革命之一。它出現在公元
紀年的前幾個世紀，賦予了書本目前這個獨特且易於辨認的物質形式，
且就這麼維持了 17 個世紀：有愈來愈多的書不是以「卷」（volumen）
的形式出現，而是一張張獨立的書頁，從側邊鬆散地裝訂在一起。

在那之前，卷稱霸了好幾個世紀，因此無法輕易被取代。但它有
幾個缺點。這種媒介有時使用起來很不順手，很長、很難輕鬆操作。
某些現存的書卷有 10 公尺那麼長。想在一份書卷裡找到某個特定的東
西並不容易，因為文字連貫且沒有分頁，也就是說無法製作索引。早
期的讀者是把書卷朝側邊攤開，跟現在的文字處理器方向相反，現在的文字
處理器是邀請讀者在螢幕上將文字上下捲動。

一隻古代希臘的阿提卡酒杯（kylix）
碎片上，有一個男孩正在閱讀書卷，
製作者一般相信是「阿克斯托李德
斯的畫家」，年代大約在公元前 470
至 450 年之間。書卷上的文字似乎
是詩人赫修德《女性型錄》的一部分。

一幅 5 世紀的馬賽克，位於拉芬納
的加拉‧普拉西迪亞皇后陵寢内。
這幅半月狀的圖像呈現出聖羅倫斯
拿著十字架與書本站在他殉道
的烤架旁，旁邊還有一
個櫥櫃，裡面裝著
四部福音書。

相較之下，抄本是以一張張尺寸差不多的獨立書頁組成，沿著其中一邊裝訂（通常是左邊，但並非絕對）。封面可以是簡單的木板或裝飾奢華的布料，甚至可以是黃金或白銀——如果那本書是要在大教堂內使用的聖書的話。早期的基督徒是最早採用抄本的人之一：最早的莎草紙抄本《聖經》出自公元2世紀。猶太人的《妥拉》傳統而言是採書卷形式，因此基督徒也許想以抄本來讓他們的聖經跟《妥拉》在外觀上有所區別。自公元4世紀開始，抄本就變得愈來愈普遍。

　　抄本比書卷更小巧、更易翻閱。抄本的紙張兩面都能使用，因此可以容納比書卷更多的內文。很多早期的抄本是把各種雜七雜八的文稿集結在一起，

《西奈抄本》是三、四個不同的抄書員於公元4世紀時以希臘文寫成的。內文以聖經大寫體（Biblical majuscule）寫成「連續文」（字與字之間沒有空格），可能是君士坦丁大帝委託製作的，原本包含了完整的《舊約》與《新約》，是希臘文《新約》原版文字的一個重要來源。它應該是最早的大開本裝訂書之一。

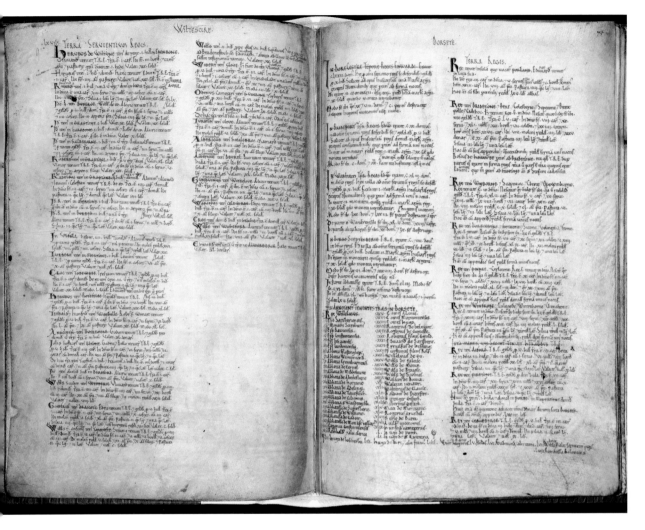

不僅作者不同，甚至語言也不同，而且不見得是關於同一個主題。這類抄本本身就是迷你的圖書館。

書卷必須以兩手握住才能閱讀，但抄本讓讀者可以空出一隻手來做筆記或拿飲料。學者可以加上頁碼和索引，以便查找特定的段落和引言，這樣就可以和其他抄本交叉比對。若再加上標題和摘要，這些引導輔具就成了把抄本當成教具使用時不可或缺之物。換言之，給書本進行標記已經變得容易許多。

儘管抄本的優點這麼明顯，書卷在某些環境還是持續存在了好幾個世紀。例如，英國的君主政權一直到中世紀都還以書卷記錄立法，也就是所謂的「法卷」（statute rolls）。（這個慣例有一個例外，那就是 1086 年的「末日調查」，它記錄在兩本抄本中，如今稱為《末日審判書》）。書卷也在劇院被使用了很長一段時間，演員腳本的英文 actor's role 就是從書卷（scroll）來的。

1086 年完成的「末日調查」是英國的第一份人口普查，記錄了超過 1 萬 3000 個社區內的土地與財產，以便進行課稅。之所以取名為末日調查，是因為他們相信這項調查跟最後的審判一樣是決定性的，無可逆轉。這一頁記錄的是多塞特郡。依照慣例，標題和每一段的首字母都以紅墨水裝飾。

修道院圖書館

努西亞的聖本篤於公元 6 世紀在義大利半島卡西諾山上的修道院立下了〈本篤會規〉（Rule of St Benedict），規定僧侶必須閱讀並研究基督教文學。卡西諾山於 883 年遭穆斯林侵略者洗劫，但接下來幾百年間，其他的本篤會修道院——例如在聖加爾（瑞士）、賴興瑙（德國）和美爾克（奧地利）的那些——卻因為收藏了許多手稿而出名。

最早的修道院並沒有特別拿來當作圖書館的房間，但從 6 世紀開始，圖書館就成了西歐修道院生活裡不可或缺的一環。愈來愈多本篤會的人把書籍交給圖書館員，由他來管理使用方式。在某些修道院的閱覽室，珍貴的藏書會用鍊條拴在書架上，但某些書也是可以外借的。〈本篤會規〉規定每天必須閱讀三小時，大齋節期間則必須讀完一整本書。

抄寫書籍則是在抄書室內進行，常駐或來訪的僧侶皆然。相對之下，在拜占庭世界，修道院很少有自己的抄書中心，而是從有錢的資助者那裡取得捐贈物。公元 10 世紀，拜占庭世界最大的一套藏書出現在亞陀斯山（位於現代希臘）的修道院，他們總共累積了超過 1 萬本書。

學者會從一座修道院跑到另一座修道院，尋找他們想研究的文獻——書是不會移動的。流浪僧人常會拿到請他們幫忙買書的錢，而某些以學術活動出名的修道院則很歡迎旅行僧人前來為自己的圖書館抄書。其中一座是義大利的波比歐修道院，它於 614 年由愛爾蘭神父聖可倫巴（St Columba）建立。到了第 9 世紀，它已經自豪地坐擁 666 份手稿，包括宗教著作、古典文獻，以及歷史和數學論文。

下：在這本 12 世紀中葉於卡西諾山製作的拉丁文聖詠經中，一個極其複雜的設計圖樣裝飾著詩篇第 74 首。由這個圖案的大小以及精密交織的獸首，可以看出本篤會修道院的財富與專業技術。

右頁：在英國赫瑞福大教堂的圖書室內，珍貴的作品都用鍊條拴在書櫃上。

ORE XISTETVVS LOCO   ETTERNA CA VOCA O TS
EXPECTAT VENIA   NOCTE DIEQ TVA

在厄克特納赫（盧森堡）的抄書室
工作的修士。厄克特納赫的抄書室
於11世紀生產了許多豪華版的書籍，
包括一本 60x40 公分、供修道院本
身使用的巨大《聖經》。

　　所有的修道院都有自己的日常禮拜儀式用書。有些可能會裝飾得非常華
美，畢竟它們是修道院藏書的運作核心，也是可以讓群體驕傲的東西。其中
定會包含一本《升階經》（The Gradual），收錄彌撒時要唱的歌詞和樂譜。
音樂記譜系統在第 9 世紀發展出來，而從 11 世紀開始，聖歌集裡面的記譜法
就變得愈來愈複雜。此外，《對唱聖歌集》（The Antiphonal）則寫有一整天
不同的禮拜儀式中，會眾答唱的歌詞與樂譜。

抄書員的生活

公元 7 至 15 世紀之間，歐洲修道院的抄書室裡都有優秀的抄書員與畫匠在工作。不論懂不懂這些語言，抄書員都必須能夠以拉丁文、希臘文或希伯來文抄寫宗教作品，而且必須熟悉寫字的技術，才能確保每一行都寫得直、每個字母都一樣大。他們還得會寫很多種字體。加洛林小寫體（Carolingian minuscule）和它的變化體於第 9 世紀在大半個歐洲流行起來，尤其是用在管

將《聖經》翻譯成拉丁文（拉丁通俗語版）的聖耶柔米經常被描繪成一個沈浸在學術生活中的作家。在這份手稿中，他坐在一個高高的講臺前撰寫聖保羅的傳記，這是修道院抄書員的標準姿勢。

理的時候，而北歐則還是流行一種哥德式的手寫體。由於清晰易讀，英國英式尚書體（English chancery）從 14 世紀開始愈來愈受歡迎。抄寫員通常每天抄三、四頁，但出現筆誤是常有的事，連優秀的抄寫員都可能每頁犯至少一個錯誤。

在 12 與 13 世紀，抄書變得比較像是一種專業活動，愈來愈常交給專家來進行。為了滿足日漸龐大的需求，他們引進了「分抄」（pecia，拉丁文「片段」的意思）系統，把同一份文件切割成不同部分，分配給聘來的抄書員，他們可能是平信徒，在修道院內外都能工作。在歐洲的日耳曼語區，抄寫手稿一事在印刷術問世前的一世紀間大幅增加。

來自 8 世紀法國南部的《杰隆聖事手冊》是一本禮拜用書，詳細寫出神父誦唸的彌撒程序，裝飾得非常巧妙。它所採用的加洛林小寫字母大幅提昇了文字的清晰度，不僅大寫字母跟小寫字母有明顯的區別，字與字之間也有清楚的間隔。

有一份 11 世紀的英國手稿中有這麼一幅插畫（Cambridge, Corpus Christi College MS 389, folio 1v），描繪的是聖耶柔米（St Jerome）在書桌前的樣子。他坐在一張高腳椅上，雙腳因此懸空，但也可能是踏在一個平臺上，因為腳在中世紀修道院冰冷的石頭地板上站太久並不好。耶柔米背後的窗簾被綁了起來，好讓他在工作時能有更多光線。僧侶通常只在有日光的時候寫字，因為蠟燭太過昂貴，但即使是點了蠟燭，那光線以現代標準來看還是非常微弱的。他的作品被斜斜撐起，放在一座鋪了布的檯子上。以這個角度寫字，抄書員就不必垂直著拿筆：如果筆拿垂直的，墨水就有可能流得太快。紙上已經畫好了線，使用的應該是鉛錘線。耶柔米右手握著一支羽毛筆，上面的羽毛已經非常稀疏。他的左手則握著一把刀，那是抄書員的萬用工具，可以用來把羊皮紙牢牢釘在抄書檯上、把羽毛筆削尖，或是把乾掉的墨水從羊皮紙上刮掉，像橡皮擦一樣。若要修正錯誤，有時也會藉助剃刀或浮石。在這幅圖像中，耶柔米不是在抄書而是在寫書，一隻代表聖靈的鴿子在他頭頂上盤旋，讓他文思泉湧。

《凱爾經》

愛爾蘭文化於公元 7 至 9 世紀間在歐洲與不列顛群島大鳴大放，愛爾蘭僧侶密集的教會活動是背後主因。愛爾蘭修道院的抄書室發展出一種獨特的藝術風格，名為「島嶼風」（Insular）。其中最華麗的表現方式之一可以在《凱爾經》（Book of Kells）裡面找到，那是一部大開本的《福音書》，共有 340 個跨頁，應該是為了在聖壇上使用而設計的。

《凱爾經》的誕生地是蘇格蘭內赫布里底群島的愛奧納島，愛爾蘭傳教士聖可倫巴於 560 年代早期在那裡建立了一座修道院。公元 9 世紀初，由於維京人來襲，常駐的僧侶被迫躲到愛爾蘭米斯郡的凱爾避難。這些藝術家僧侶應該還在愛奧納島上時就已經開始製作這份手稿，只是遷到凱爾之後才完成。製作過程十分漫長，而且所費不貲，這也許能夠解釋為什麼某些裝飾只有輪廓而已——應該是還沒完成。

書一開始是前言、摘要與要詞索引，接著是四部拉丁文的《福音書》，以島嶼大寫體（Insular majuscule）寫在小牛皮上。內文大部分是以鐵膽墨水寫成的，原料是鐵鹽和天然丹寧，這種墨水後來成為中世紀最常用的寫字墨水。首字母都裝飾得很華麗，某些字母則以小小的紅點或複雜的交織圖樣來凸顯，以吸引讀者去注意重要的段落。插畫是滿版的圖案，其裝飾主題和曲線設計跟中世紀早期的愛爾蘭金工與石工很相似。複雜的圖像學也顯示出拜占庭、亞美尼亞和哥普特藝術的影響（以紅點勾勒字母的輪廓

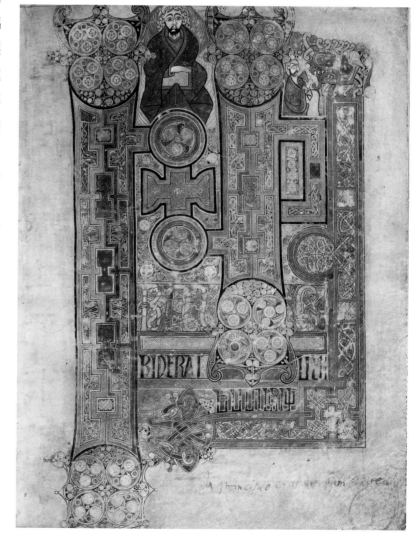

《凱爾經》裡〈約翰福音〉的開頭：In principio erat verbum（「太初有道」）。

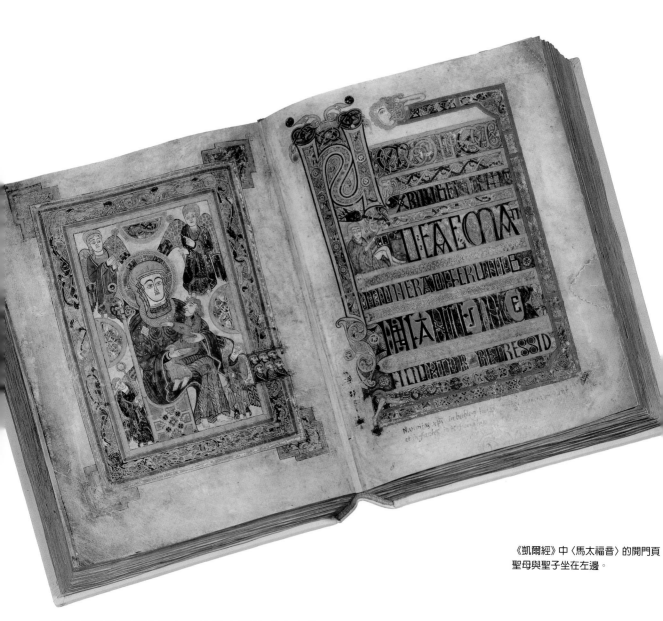

《凱爾經》中〈馬太福音〉的開門頁，
聖母與聖子坐在左邊。

就是從哥普特藝術來的），此外也模仿地中海藝術。裝飾物包括聖母馬利亞、
耶穌基督和福音家的肖像，魔龍與格里芬（鷹頭、獅身、有翅膀的神獸）等
神話生物，各式各樣的動物——孔雀、蛇、馬、狗、獅子和公牛，有時會加
上翅膀，還有十字架和聖杯之類的基督教象徵圖案，以黑色、紅色、紫色和
黃色的墨水細細描繪。至於藝術家的名字則無可考。

　　17 世紀時，亞爾馬的主教詹姆士·烏謝爾（1581-1656）將《凱爾經》帶
到都柏林的三一學院，如今它就在那裡的圖書館長期展出。兩個世紀之後，
書頁在重新裝訂的過程中被大幅裁切，且有大約 30 個跨頁遺失，其中包括幾
個泥金裝飾的重要頁面。1953 年，原本同屬一冊的手稿被拆成了四冊，以利
保存。

時禱書

時禱書（book of hours）是一種流行於中世紀晚期與文藝復興時期的祈禱書，使用者為平信徒。書中指出每日的特定時辰與每年的特定季節應該進行哪些祈禱與禮拜儀式。有錢的客戶可能會根據自己的品味與信仰訂製專屬的時禱書。時禱書常被裝飾得很華麗，使它具有個人風格。它們是奢侈品，攜帶方便，通常是以拉丁文用哥德字體寫成的，受過教育的平信徒讀者（包括女性）所讀的書愈來愈常根據這樣的典型製作。時禱書暗示，讀者與文字之間的關系是私密而個人的。

其中一個令人嘆為觀止的華美案例是《貝里公爵的豪華時禱書》，那是15世紀為貝里公爵尚恩（1340-1416）製作的。貝里公爵是法國國王查理五世的弟弟，也是個狂熱的愛書人與藝術贊助者。這本時禱書的泥金裝飾於1411年由法蘭德斯人林柏格兄弟開始動工，但花了好幾年才完成，當公爵於1416年去世時，作品並未完工。1440年代，它由法蘭德斯藝術家巴瑟雷米·戴伊克（Barthelemy d'Eyck，大約1420年至1470年後）接手，最後才在薩瓦公

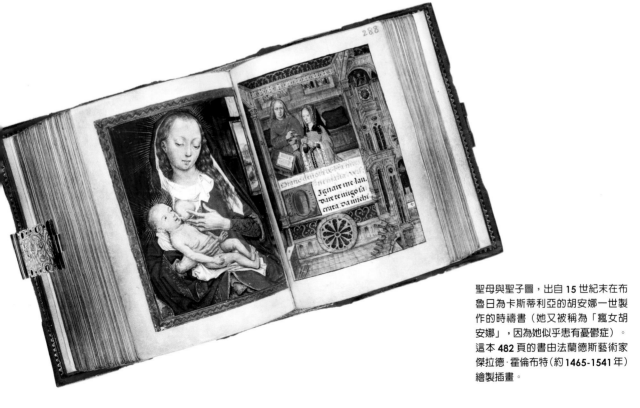

聖母與聖子圖，出自15世紀末在布魯日為卡斯蒂利亞的胡安娜一世製作的時禱書（她又被稱為「瘋女胡安娜」，因為她似乎患有憂鬱症）。這本482頁的書由法蘭德斯藝術家傑拉德·霍倫布特（約1465-1541年）繪製插畫。

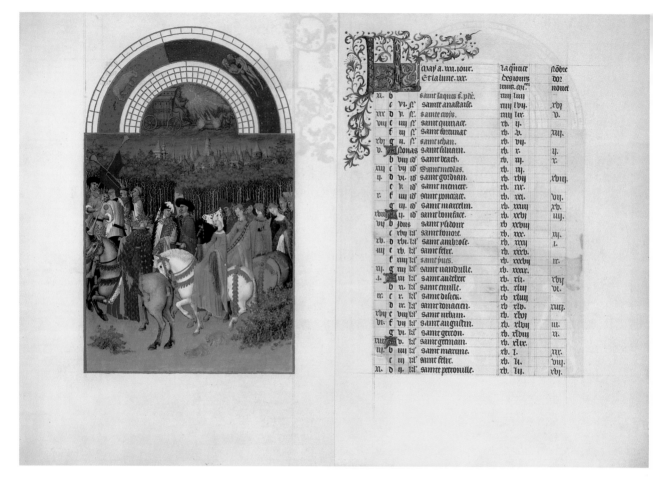

爵查理（1468-1490）的贊助下完成，時間大約是 1485 年。

　　這本書中的迷你插圖結合了宮廷生活的美妙場景與聖像。它們以那段時期的法蘭西－法蘭德斯哥德風描繪出流行服裝、廷臣的休閒活動，以及一個農耕年裡不同時間點的農民勞務。林柏格兄弟採用很多種不同的顏料。他們從匈牙利孔雀石中提取綠色顏料，將來自中東的青金石磨成粉製作藍色顏料，把硫和汞混在一起調配成硃砂。拉丁文的內文字體很大，以粗黑哥德字體寫成兩欄，首字母與行末都有裝飾。書中有一份聖人誕辰與宗教慶典的月曆、《福音書》的片段、禱詞與詩篇、連禱文，以及在神聖的日子必須舉行的一系列彌撒。

　　薩瓦的查理去世後，這本書就失蹤了，接著又在 19 世紀再次出現。熱那亞的斯皮諾拉家族已於 18 世紀以紅色皮革將它重新裝訂。奧馬公爵（法國國王路易腓力之子）於 1856 年將它買下，從此以後，它就一直收藏在巴黎近郊的尚提伊城堡內。

在敬拜用的《貝里公爵的豪華時禱書》中，每個月份的月曆都正對著一幅應景的圖畫。在這裡，代表五月的是一趟鄉間騎馬行，圖中的女性穿著綠色衣服，是春天的顏色。圖中央有個身穿藍衣的男子──也許就是這本書的主人：公爵本人。

《古蘭經》與伊斯蘭世界

《古蘭經》又稱《可蘭經》，是伊斯蘭教的聖書，信徒將它視為真主透過奇蹟揭示給先知穆罕默德的話語。史上沒有任何一本書以原文形式受到這麼廣泛的閱讀。

穆罕默德於公元 570 年誕生於麥加，他沒有任何文學背景，卻在 40 歲的時候開始有了一連串的啟示，脫口就說出了一段段押韻但沒有格律的預言。一直到他在公元 632 年去世之前，這位先知仍然每隔一段時間就會說出一段預言，於是他與日俱增的追隨者便記下了他的韻文，並且拿來背誦。

穆罕默德還在世時，他的啟示是透過專業的《古蘭經》背誦者根據記憶口語傳述。哈里發阿布·伯克爾（Abu Bakr，573-634）開始將《古蘭經》整理成標準化的文書形式，他命人將穆罕默德的話語以文字有系統地蒐集起來，因為他擔憂一些古蘭經背誦者戰死沙場之後，這個口述傳統可能會失傳。然而，《古蘭經》最早的版本完成時，卻還不是最終定稿。阿布·伯克爾的一個繼位者——哈里發歐斯曼（Uthman，公元 644-56 年在位）——從穆罕默德的一個妻子哈芙薩（Hafsa）那兒取得了一份手稿，他從中彙整出他的權威版本，名叫《歐斯曼修訂版》，接著就下令將舊有的版本統統燒毀。現存最早的《古蘭經》手抄本殘片屬於知名的歐斯曼原版手稿，於 650 年代寫在羊皮

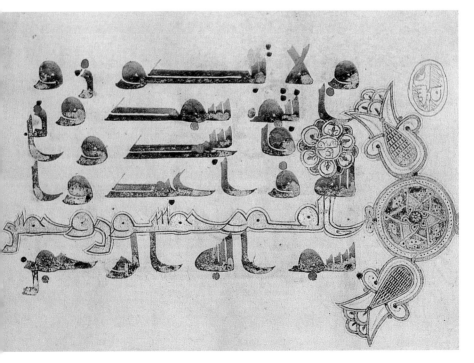

一段出自《古蘭經》的韻文，以 8 至 10 世紀流行的庫法體寫成。這份寫在小牛皮上的手稿來自位於今日突尼西亞的凱魯萬大清真寺。人們會以書法字體抄寫神聖的文書，以頌揚真主的偉大。

紙上。已知最古老的完整經書則來自第 9 世紀。

《古蘭經》的長度和《新約》差不多。它是以古典阿拉伯文寫成的，閱讀方向由右而左，既沒有大寫也沒有標點符號。內文共有 114 個「蘇拉」（sura，「章」的意思），每章長度從 10 字到 6100 字不等，排序方式固定，但不是按照時間順序。蘇拉分為兩種：麥加篇章與麥地那篇章。麥加篇章的產生年代是先知穆罕默德還在麥加的時候，文風誇張而帶有末世色彩。穆罕默德帶著追隨者逃到麥地那之後所說的話則闡述穆斯林該如何生活。蘇拉又被分割成一個個韻文般的段落，名叫「阿雅」（aya，「標誌」的意思）。《古蘭經》也可以根據不同的方式分成許多種等分：例如在神聖的齋戒月，《古蘭經》就會被分成 30 等分，每天誦讀一部分。

穆斯林的《古蘭經》立刻採用了現代的抄本形式，一頁頁羊皮紙不是裝訂起來就是散散地放在盒子內。根據伊斯蘭傳統，人們必須秉持著無上的敬意對待這本書。它通常是收在一個盒子或一個特殊的袋子內，因為它絕對不能碰到地面或任何被視為不潔的東西，而讀經者在碰它之前還必須先淨身。基於這些原因，伊斯蘭教聖書的封底上會有一片附加物，可以反摺回來，讓書的整個前緣都受到保護。

雖然《古蘭經》並沒有明文禁止以藝術形式描繪人類或動物，但傳統而言，為了避免偶像崇拜，伊斯蘭典籍中的圖像都很有限。然而，土耳其、伊朗和蒙兀兒帝國的書卻常飾有豐富的具象插畫，而在其他地方，藝術家則以一行行微小的文字來構成線條與影像。書法本身被視為一種高等藝術，甚至是人格的考驗：有一句古老的阿拉伯諺語說，「筆跡純潔就是靈魂純潔」。精美《古蘭經》裡的書法備受珍視，尤其是出自知名書法家哈菲茲·歐斯曼之手的那些（Hafiz Osman，1698 年去世）。在 16 世紀之前，伊斯蘭世界最偉大的圖書藝術中心是位於今日阿富汗的赫拉特（Herat），以及位於今日伊朗的大布里士（Tabriz）和夕拉茲（Shiraz）。

書撐起了所謂的伊斯蘭文化「黃金時代」，也就是 8 到 13 世紀阿拉伯學

這本 15 世紀埃及的《古蘭經》採用的是有護封的裝訂方式，闔上書時，可以讓書本受到完整的保護。穆斯林的生活中向來都有《古蘭經》存在，而在阿拉伯擴張的全盛時期，從西班牙到中國都有人使用它。

術稱霸全球的那段時期。當伊斯蘭帝國擴張時，他們教導新子民《古蘭經》所使用的語言，阿拉伯文字於是成了通訊的共通語言。穆斯林學者與圖書館蒐集並翻譯西方世界的經典文獻，在哲學、法律、數學與科學方面也大有進展。

阿拉伯人在公元 751 年的一場戰爭中俘虜了一些中國水手，從他們那裡學會了造紙技術。此事助長了大型圖書館在穆斯林世界的發展。巴格達在 791 年就已經有一座造紙廠，後來更是成為當時三大伊斯蘭圖書館之一的所在地。蒙古人於 1258 年摧毀了巴格達，但開羅以及哥多華（Cordoba）的圖書館繼續發達了下去——後者的藏書號稱多達 40 萬本。接著蒙古征服者帖木兒（1336-1405）和他的後繼者又在波斯、中亞與印度建立了更多偉大的圖書館。

儘管這股愛書的熱潮愈燒愈旺，伊斯蘭製書者卻是到了 19 世紀才完全採用活字印刷術。鄂圖曼帝國蘇丹巴耶濟德二世（Bayazid II，1481 至 1512 年在位）於 1485 年禁止在帝國境內發行印刷品。書法在藝術、宗教與道德上的重要性也許是此舉背後的一個重要因素，且由於有多達 10 萬名穆斯林抄書員為學者與圖書館生產文書，當時的書本並不匱乏。這條法律於 1727 年放寬，讓世俗作品不受此限，但神聖的文書卻是又等了一百多年才得以進入印刷廠。1840 年代，埃及帕夏穆罕默德·阿里（Mohammed Ali，1769-1849）將印刷納入了他的現代化計畫。19 世紀下半葉，貝魯特因為一場穆斯林的印刷革命而成為重要的世俗印刷中心，且這個地位至今未曾動搖。

上：一份 14 世紀鄂圖曼土耳其帝國的手稿，描繪的是給穆罕默德帶來啟示的天使加百列。

下：一份以古巴爾體寫成的迷你文書，這種字體最初是為飛鴿傳書而發明的，後來被用來在抄本或書卷上抄寫迷你版的《古蘭經》。經文被寫在更大的字母之中形成填滿的效果，而大字也同樣是經文的一部分。

希伯來之書

《死海古卷》（Dead Sea Scrolls）是現存最早的猶太手稿之一。裡頭包含了超過 900 份以希伯來文、希臘文和阿拉米語（Aramaic）寫成的文件，大部分是寫在羊皮紙上，但也有一些是莎草紙。1947 至 1956 年間，貝都因牧羊人在哲立科南方的昆蘭遺址（Khirbet Qumran）附近的 11 個洞穴內意外發現了這些手稿，裡頭有《聖經》經文與解釋、外經（不在正版猶太聖經內的書），以及其

《死海古卷》的碎片，寫有每年前 13 個安息日所使用的《安息日牲禮之歌》。

也關於社區組織的文字，書寫時間大約在公元前 200 年至公元 100 年之間。

　　另一個古老猶太手稿的重要寶窟，是 19 世紀末在開羅的班埃茲拉猶太會堂的「杰尼札」（genizah，即廢書庫）裡面發現的。根據猶太傳統，任何寫有真神之名的紙張都不得摧毀，因此許多破爛的希伯來文手稿與斷簡殘編都被永久貯藏了起來。這批多樣化的文件包含了拉比的文書、歷史記錄以及宗教與世俗詩歌，年代從 6 世紀到 19 世紀都有。

　　《妥拉》是猶太教最神聖的書，包含了《摩西五經》（〈創世記〉、〈出埃及記〉、〈利未記〉、〈民數記〉與〈申命記〉），希臘文稱為 Pentateuch。正統猶太人認為《妥拉》中的一字一句皆源自真神，是上帝在西奈山上直接傳達給摩西的。所有的《妥拉》都根據嚴格的古老書寫規範以手工抄寫在雙軸的羊皮紙書卷上，進行禮拜儀式時，由受過特殊訓練的讀經者

1896 年在開羅的班埃茲拉猶太會堂研究文件的索羅門‧謝克特。謝克特（1847-1915）是在摩爾多瓦出生的拉比與學者，也是最早對儲藏室內的文件進行科學評估的人。他在英國待了 20 年，刺激了英國自由派猶太教的成長。

誦唸。它的地位崇高無比，絕對不可以接觸到地面。不使用的時候，《妥拉》書卷會收藏在名叫「約櫃」（ark）的保護性禮儀櫃內，這個櫃子是猶太會堂內的焦點。書卷通常會被套上有刺繡的天鵝絨外罩、迷你皇冠，以及飾有鈴鐺的金銀尖頂飾。

猶太教的神聖書籍也包括先知的著作（先知書）與其他著作（詩歌智慧書），例如《詩篇》、《箴言》、《約伯記》與次要的歷史文獻。所有這些作品統稱為《塔納赫》（基督徒則稱之為《舊約》）。某些正統猶太教徒認為，經由口語傳述的律法（密西拿）以及《塔木德》的評注也是出自天授。《塔木德》的內容為早期拉比對猶太律法與習俗的討論，在傳統的猶太教育系統中是必讀之作。

對許多中世紀的猶太人而言，進行個人敬拜時，書並非不可或缺之物，因為家庭禮拜儀式上所誦唸的經文通常經由口語傳述，已經牢記在心。然而，供年輕男子就讀的拉比學校（yeshivah）以及猶太會堂附設的「學問之家」

上左：《北法希伯來文雜錄》是很大一套 13 世紀晚期的希伯來文獻，在書中的這幅插畫裡，索羅門正在閱讀《妥拉》。對抄書員而言，要把《妥拉》全五冊抄到單一份書卷上是一大挑戰。

上右：披著祈禱披肩的拉比在猶太會堂內閱讀一份寫在儀式性紙卷上的《妥拉》。他用一把銀製的指針（yad）來指著文字，以免手指碰觸到紙卷。

（beit midrash）裡面都有書。因此中世紀的猶太會堂往往也具有公共圖書館的作用，社區中的有錢人有時會把書放在那裡供大家研讀。

中世紀的希伯來文書籍都由個別學者手工抄寫，因為猶太教中並沒有修道院抄書室這種編制。猶太人和穆斯林一樣，非常不願意以印刷術來印製神聖文書。第一本希伯來文的印刷書於 1475 年出現在義大利的雷久卡拉布里亞，是一位名叫辣什（Rashi）的法國拉比對《妥拉》的評述。希伯來文書籍的製作與發行經常受到反猶太人的迫害行動所干擾。1241 年，《塔木德》在巴黎首度被公開焚燒，而在往後的幾個世紀裡，這種行為每隔一段時間就會再次出現。在 15 世紀的威尼斯，基督教審查者會定期審查希伯來文書籍，將任何冒犯基督教信仰的東西都刪去。

西班牙原本是希伯來文書籍的重要產區，但猶太人於 1492 年被驅離伊比利半島之後，生產中心就轉移到了威尼斯。阿姆斯特丹於 17 世紀取而代之，成為希伯來文書籍製作與出口的主要城市。18 世紀末、19 世紀初，一些中歐與東歐的城市（例如維也納、華沙、利維夫與維爾紐斯）成為支持「哈斯卡拉」（猶太啟蒙運動）的出版中心。

到了 19 世紀，不只已經有了一群研究《妥拉》的菁英學者，還有了廣大的猶太世俗讀者與知識階層。支持希伯來語言與文學復興的錫安運動在 1890 至 1920 年間激發了希伯來文出版業的一場復甦。其中最成功的出版社之一是 1896 年在華沙成立的 Tushiyah 出版社，其創辦人為阿夫拉漢·雷布·沙寇維奇（1866-1921，更為人熟悉的是他的筆名 Ben-Avigdor）。這家出版社出版世俗的希伯來文暢銷書、經典作品、文學、童書以及科學書刊，此外也有不少意第緒語（東歐猶太人的日常語言）的重要著作。

「哈加達」是猶太家庭在踰越節前夕使用的一種禮拜用書，而製作於中世紀西班牙的《黃金哈加達》則是一份飾有華麗插圖的哈加達手稿。這一頁呈現的是〈出埃及記〉和以色列人投奔自由的畫面。右上角的圖框描繪長子之死，而在左下角的圖框裡，摩西看著埃及人溺斃，埃及人在這裡被畫成了中世紀武士的模樣。

2 印刷的新文化

科技上的進步,例如活字印刷術的發明,並不會憑空出現。當古騰堡於 1440 年代發明印刷術時,他並不是像傳說中阿基米德泡澡的時候那樣靈光乍現,反之,他的發明是科技革新的累積成果。古騰堡是一個團隊的一員,他研發印刷機是為了因應愈來愈大的書籍需求量,且有長期的投資者支持。

儘管書籍製作的某些面向和抄書室的時代依然沒什麼兩樣,但印刷還是讓生產速度加快許多,並且促成了歐洲主要語言的標準化。印刷機本身相對便宜,在 18 世紀之前,書籍的製作成本中最昂貴的是紙,可能會占去零售價的超過一半。當時造紙還是沿用從阿拉伯人那兒學來的方法,原料是破布和廢棄布料,靠歐洲各地窮苦的「撿破布者」蒐集。書本的物質形式——抄本——並未改變,且往後的500 年也沒有改變。

很多人抨擊印刷術,因為他們害怕它會散播謊言與反叛思想。在他們眼中,印刷品能讓不具判斷力的讀者心靈腐化,還能讓異端邪說散播得比從前更廣。

克里斯多夫·普朗坦位於安特衛普的工作室內的印刷設備:一臺手搖印刷機與一塊塊印版、墨球、掛著晾乾的紙張,背景裡則是排字員的匣子。前景中有阿爾杜斯·馬努提烏斯的早期出版品。

古騰堡與他的《聖經》

古騰堡全名叫約翰尼斯・基恩斯費爾施・拉登・古騰堡，算是個神祕人物。除了曾在 1430 年代被告毀約之外，我們對他的真實生平所知不多。但人們還是說，印刷術是他於 1440 年代在德國的梅因茲市發明的，儘管沒有人清楚他究竟在什麼時候搬到了那裡。史特拉斯堡也號稱是印刷術的誕生地，因為他之前曾在那裡工作了超過十年。

　　實際上，活字印刷術的發明是一連串發明的集合體。首先要做出母模，然後以此打造出強度與稠度都符合要求的金屬活字。還要研發出一種油性不褪墨水的完美配方。接著手搖印刷機本身也得設計製作。開發這當中的每一個元件都需要時間、團隊合作與資本。古騰堡的資金合作伙伴約翰・法斯特與彼得・史考菲支持了他很多年。他或許終究無可避免地負了一屁股債，因此不得不把工作室的所有權讓給法斯特。直到三百年後的 1740 年，法斯特和

約翰尼斯・古騰堡的木版肖像，由尼古拉・德・拉梅桑雕刻，在賈克・伊尼亞斯・布拉赫的《科學藝術研究院》中出版（巴黎，1682年）。圖說將他描述成印刷術的發明者。古騰堡的姓有不同的拼法，常見的變化形有 Gudenberger、Gudenberg 以及 Guttemberg。

史考菲都還連同他們的「合夥人」古騰堡被稱為印刷機的發明者。

　　其他條件也共同促成了活字印刷術於 15 世紀中葉在德國出現。書的需求量與日俱增。人文學術研究與大學的散播在世俗與宗教的知識菁英之間創造了更大的書籍市場。都市與商業中心的興起則創造了另一個消費市場，因為司法、管理與神職機構都需要大量的印刷品。在 1440 年代之前，手抄書籍的生產速度就已經加快，以滿足部分需求。科技發展也讓古騰堡的努力化為可能。他曾在史特拉斯堡當過十年的珠寶工匠，切割寶石、製作鏡子，賣給前往亞琛的朝聖者。德國的金屬工業有了一些重大的進步，時機已經成熟，可以讓古騰堡進行打造活字的實驗。他花了好幾年時間試誤，尋找打造字模與活字的最佳合金，嘗試不同比例的鉛、銻、銅與錫。

　　古騰堡那本每欄 42 行的《古騰堡聖經》應該是 1450 年代中期在梅因茲

印製的。《古騰堡聖經》的製版與印刷過程花了超過兩年時間。然而，一個抄書員要花三年才能抄完一本，但古騰堡卻印了 180 本，其中大約 150 本印在紙上，30 本印在小牛皮上，這樣大概需要用上 5000 張小牛皮。他最早的墨水是用油燈的煙灰和清漆與蛋白調製而成的。他試了好多種化學混合物，才做出《古騰堡聖經》那種特別飽和的黑墨水。每一頁都有個別製作的紅字標

上：梅因茲大主教於 1457 年委託製作的《梅因茲聖詠集》第一頁的排版。這也許是第二本以活字印刷術印製的書，結合了印刷文字與雙色木版畫。它以黑色和紅色的墨水印在小牛皮上，斗大的大寫字母有紅藍兩色，樂譜則以連續字體寫成。

左：《古騰堡聖經》是歐洲第一本以活字印刷術製作的書。古騰堡以聖耶柔米的拉丁通俗語版為本，印製了一套兩冊的《聖經》，內文排成嚴謹的兩欄，沒有分段也沒有頁碼。圖中為〈箴言書〉的開頭，出自大英圖書館收藏的紙本第二冊。

題（大寫字母皆以紅墨水手工上色）與泥金裝飾，因此全部都不太一樣。專家們將《古騰堡聖經》稱為「B-42」，因為每一頁固定是 42 行。但古騰堡製版時一開始只排了 40 行，從第 11 頁起才增加為 42 行，可能是為了節省紙張。

雖然古騰堡經常因為將《聖經》內容變得更加易於取得而被譽為跟約翰·威克里夫與馬丁·路德一樣的新教徒英雄，但在早期的印刷世界，天主教會依然是最大的顧客與內容提供者。古騰堡很清楚該迎合哪一方。他在 1450 年代靠著印製贖罪券籌措資金，以協助賽普勒斯抵抗土耳其人。而販賣贖罪券一事正是馬丁·路德嚴屬批判的行為之一。

古騰堡並不是活字版的第一個發明者。中國人在 11 世紀就已經有木板印刷（有時會使用活字），韓國人則是 13 世紀。在古騰堡的活字印刷術問世之前 200 年，韓國人就已經做出了應該是最早金屬活字的東西，但這項科技並未在東亞傳播開來。例如在中國，大量印刷並非當務之急，因為皇宮之外根本沒有一個真正的書籍市場。況且，既有的木板印刷技術很適合中國和韓國的紙張，因為它們不像較硬的歐洲紙，必須以一個沉重的壓盤（platen）用力壓在金屬板上才能留下墨印。

印刷術雖然最早出現在亞洲，但它卻是在歐洲造成廣大的社會與文化影響，而印刷機本身則是西方人的發明。古騰堡對韓國人的成就一無所知：透過他的努力，印刷術在歐洲重新問世。

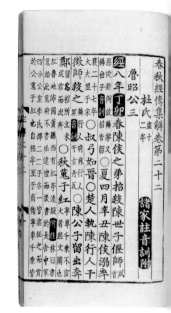

印刷員的工作流程

排字跟打字一樣，需要速度、技巧與靈活度，而且還得熟悉拉丁文。首先，排字員會把需要的活字從分隔成矩形格子的收納盒內以手工挑揀出來。他會把手寫的稿子釘在面前，面對著收納盒，而為求方便拿取，盒子會放在一個斜斜的檯面上。盒子通常分成兩格，大寫字母放在上面那格，小寫字母放在下面那格（所以英文字母的大小寫又稱為「上格」（upper case）與「下格」（lower case）。）排字員一手拿著金屬製的排字盤，一次排幾行。排好之後，他再把這幾行排到一個稱作「鉛字盤」（galley）的木框內，形成頁面，並用小小的木片將活字夾緊，以確保它們不會移位。

　　排完所需的頁數後，鉛字盤會被正面朝上放入名叫「印版」（forme）的框內，再放到平坦的石頭或大理石表面上。印刷機上有一條軌道，讓石塊和

在這幅馬提亞斯‧胡斯 1499 年於里昂印製的《死亡之舞》中，代表死亡的骷髏造訪了一家印刷廠。有一個排字員坐在左邊，中央有拿著墨球操作印刷機的印刷工，書商則在櫃臺邊。

裴斯特・安曼於 16 世紀製作的一套木版畫，描繪出古騰堡的發明所帶來的諸多技藝與行業。這裡呈現的是造紙匠和鑄字人。

印版可以像推車一樣前後滑動，以便印完一張就可以迅速印下一張。這時印刷工會拿著皮革的墨球給活字手工上墨，接著將一張潮溼的紙放在印版上。這張紙被固定在裝有鉸鍊的「壓紙格」（tympan）內，然後用羊皮紙製成的「夾紙框」（frisket）夾緊，夾紙框也能保護紙張的眉批處不被墨水弄髒。這時，通常以兩人為一組的印刷工就透過槓桿與螺絲機制把壓盤（一個沉重的水平印壓面）壓到紙張上。壓盤形成的向下壓力會把活字上的墨水轉移到紙張朝下的那一面。壓盤跟石頭壓床必須完全平行，否則壓力就會不平均，讓頁面的某些部分較清晰、某些部分較不清晰。書頁印好後，被掛起來晾乾。

　　如果一本書同時使用了紅黑兩色，整個過程就必須以不同顏色的墨水再重複一次。紙一次只能印一面，但熟練的印刷工每 20 秒就可以印出一頁。就算有校稿，也是非常粗略的：印刷工人會在每一頁印好時稍微看一下。儘管不甚完美，這套系統還是出奇地持久。以印刷科技而言，古騰堡的時代一直延續到 19 世紀早期——共有超過 300 年。

　　手動的木造印刷機並不貴，但搭配的金屬活字卻是相當可觀的投資，因此只要有哪個破產的印刷業者把裝備拿出來拍賣，同業們一定會積極搶標這套二手品。一家印刷舖可能會需要拉丁文、希臘文以及方言的字體，如果印多語《聖經》的話，可能還會需要希伯來文。這是非常耗時且專業化的工作：首先得打造公模，然後製作母模，最後才能以母字模做出金屬活字。印刷業

者必須備有好幾十萬個活字，否則一次就只能排幾頁而已，且活字也會因為使用過度而迅速耗損。

　　16世紀的印刷大師必須擁有許多項專長。他們不只是印刷者，還是書商、資本企業家、索引編排者、熟悉若干種語言的譯者，同時也是校對者和編輯。他們必須能夠左右逢源：一方面與知名學者交好，一方面跟有錢的贊助者和統治者打好關係。他們對知識生活的特殊貢獻不應被低估。

　　印刷者組織成高度規範的工會。在英國，文具商公司（Stationer's Company）於1557年收到一份皇家特許狀，讓他們負責監管英國的書籍貿易、防止人們印刷煽動性的東西。這家公司的角色是要管理並規範印刷工業，說明規矩，同時維持自身的企業特權。它坐擁幾項印製《聖經》、法律書與教科書的壟斷經營權。它也擁有一項皇家賦予的特權，可以印製曆書。這樁事業叫「英格蘭股份」（English Stock）。文具商公司的成員可以持有股權，根據股份收取股利，印刷的工作以及部分利潤則分配給公司內最貧窮的成員。英格蘭股份是一個很大的收入來源，因此文具商公司非常頑強地捍衛它，不允許其他未經授權的出版商盜印。

安曼的木版畫呈現出一個拿著排字盤與雙面印版的排字員，還有工作中的印刷工與裝訂工。

印刷征服世界

古騰堡的員工過著半遊厘的生活，接權貴人士、大學和法庭的案子，收取佣金。這項發明最早被採用的地點是位於西歐經濟樞紐的繁忙商業城市、荷蘭、德國、萊茵蘭，以及以威尼斯為書籍貿易第一大城的義大利北部。1480 年，有印刷機的城鎮已多達 110 座，而到 1500 年，印刷中心的數量就翻了超過一倍，共有 236 個。

　　印刷機稍晚才傳到英國，但由於英國南部和低地國（荷比盧）之間有活絡的商業聯繫，它傳到倫敦的時間並沒有落後太久。威廉·喀斯頓（William Caxton）是第一個英國印刷者，他在布魯日工作時印製了第一本英文的印刷書。後來他搬到倫敦，在西敏寺附近開店，受到王室的支持。巴黎有個拉丁

喬叟的《坎特伯利故事集》第二版，由威廉·喀斯頓於 **1483** 年印製。這本書以木版畫呈現出每一個朝聖者騎在馬背上的模樣：左邊的是商人，右邊則是牛津的學者。有些圖被重複用來充當其他朝聖者的肖像，所以「學者」身上才會帶著弓箭。

區，在索邦大學附近，是法國書籍貿易的集散地；倫敦則有個「主禱文街」（Paternoster Row），在聖保羅大教堂附近，印刷業者都聚集在這一區，因為距離一天到晚需要印東西的法院很近。

在瑞士，巴塞爾和日內瓦（很多喀爾文教派人士的避難地）是重要的印刷中心，而在西班牙，印刷機則在托雷多（一個偉大的教會中心）、瓦雅多利德（皇家法庭所在地）以及設有大學的亨納利堡找到了舞臺。在法國，印刷工業分散在首都巴黎和里昂兩地。1530 年時，全部的法文書籍中有 90% 都是在這兩座城市印刷的。巴黎成為反宗教改革運動的出版中心，不斷印製禮拜儀式用書與時禱書，而里昂則專門為義大利與西班牙市場供應書籍。

印刷術先是傳遍歐洲，接著印刷機就成了世界歐洲化不可或缺的輔具。東歐和北歐國家在 16 世紀首度有了印刷機。莫斯科在 1560 年代取得印刷機，盧比亞納則是在 1570 年

代。到了 1727 年，君士坦丁堡也有了印刷機。印刷機在 1638 年傳到新英格蘭，從此進入北美洲。西班牙征服者於 1539 年在墨西哥設了一家印刷廠，但從不允許它跟西班牙進口書競爭，因為在新世界設立當地印刷廠的目的純粹是為了協助教會向當地人傳教。到了 1580 年，印刷術已經傳到利馬，並在 1590年由耶穌會教士帶往日本。1593 年，西班牙人帶了一臺印刷機到馬尼拉，是東南亞的第一臺。第一支囚犯船隊於 1788 年抵達澳洲時，船上也帶了一臺印刷機。拿破崙於 1798 年將印刷機帶到埃及，同時也帶了希臘文和阿拉伯文的

這本阿朗索‧德‧莫里納神父於 1550 年製作的字典是最早在墨西哥印製的西班牙文書籍之一。這個版本只能以西班牙語查納華語（土著納華人的語言），阿朗索 20 年後才又添了以納華語查西班牙語的部分。第一頁有聖法蘭西斯接受聖傷的畫面。

HISTORIA DE LA PRO
VINCIA DEL SANCTO ROSA_
RIO DE LA ORDEN DE PREDICADORES EN PHI-
LIPPINAS, IAPON, Y CHINA.
POR EL REVERENDISSIMO DON FRAY DIEGO
Aduarte Obispo de la Nuevasegovia. Añadida por el muy Reverendo
Padre Fray Domingo Gonçalez Comiſſario del ſancto Officio,
y Regente del Colegio de Sancto Thomas de la
miſma Provincia.

CONLICENCIA, EN MANILA
En el Colegio de Sancto Thomas, por Luis
Beltran impreſſor de libros. Año de 1640.

狄耶戈·阿都華特的《聖羅薩里歐
省歷史》於 1640 年在馬尼拉出版，
以脆弱的米紙印成對開本。這是第
一本在西班牙殖民地上印製的重要
歷史著作。

活字，以及浩浩蕩蕩一大群隨行的科學家與知識分子。

書籍每次的印量仍然相對有限。直到 19 世紀之前，一本書通常每版 500 到 1500 本不等。然而，諸如教義問答集和曆書之類的便宜流行書刊每一版的印量卻很大，有好幾萬本。這些書刊會以粗糙的紙張便宜裝訂，但較貴的書籍常常沒有裝訂。要運送未經裝訂的紙比較便宜，而且除非有把握大賣，否則書商並不願意花錢進行昂貴的裝訂。顧客一般會自行找人進行個人化裝訂。

拉丁文與方言

在歐洲，拉丁文是法律、科學和教會的語言。1501 年之前印刷的書有個特殊名稱叫「搖籃本」（incunabula，拉丁文「搖籃」的意思），而在這些書中，拉丁文書籍占了 77%。一開始，印刷術的發明大幅提昇了拉丁文書籍的產量，尤其是教會使用的宗教書籍。1546 年，特利騰大公會議（Council of Trent）將《拉丁文通俗譯本聖經》（Latin Vulgate Bible）訂為聖經的唯一正統版本。1570 年代在德國出版的書籍依然有 70% 是拉丁文，其中大約四分之三是宗教著作。當時的拉丁文是一種共通語言，讓來自不同國家與文化的知識分子得以溝通。當伽利略（1564-1642）於 1610 年代開始以義大利文而非拉丁文撰

威廉・廷代爾的英語《新約》（**1534年版**）的卷首插畫和書名頁，這本書可能是由梅爾登・德・凱瑟在安特衛普出版的。兩年後，作者就在法蘭德斯被當成異教徒燒死。

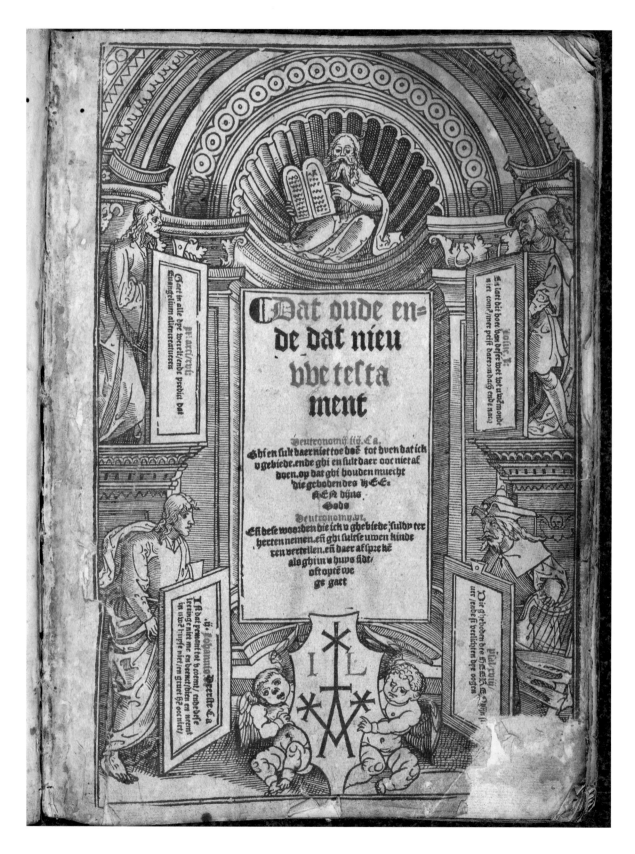

寫科學著作時，他的國際讀者怨聲載道。

然而，拉丁文的至尊地位還是被兩股強勁的潮流緩緩侵蝕了。其一是主權國家的獨立力量，他們看出推動本國語言能帶來政治優勢。其二則是新教主義。1539 年，法國國王法蘭索瓦一世頒布了《維萊科特雷法令》，規定所有的官方文件都要採用法文而非拉丁文，儘管他大部分的子民依然這兩種語言都看不懂。在英國，國王亨利八世跟教皇鬧翻之後解散了修道院（1536-41年），此舉破壞了拉丁文書籍生產的一個最大客源，因此嚴重打擊了拉丁文的印刷文化。事實上，此後有將近一個世紀時間，英國都沒有再印刷任何重要的拉丁文作品，而文具商公司也在 1625 年刪掉了所有的拉丁文股份。

宗教改革運動推動了方言印刷品的傳播。新教徒領袖認為，所有的基督走都應當能夠讀到《聖經》的訊息，而且是以他們自己的語言。第一份被人從拉丁文翻譯成方言的重要印刷品就是《聖經》。《新約》通常先出版，因為它比《舊約》短，較好翻譯，而且比較接近基督教日常神學的重心。1526年出了一本荷蘭文的《聖經》，而威廉·廷代爾（William Tyndale）的英文版《新約》也在同一年從歐陸傳到英國。接下來 40 年裡，荷蘭文《聖經》總共再版了 40 次。很多法語版的《聖經》都是從路德教派重鎮（例如史特拉斯堡）和喀爾文教派重鎮（例如日內瓦）進口到法國的。第一本國內製作的法語版《新約》於 1523 年由勒菲弗·戴塔普勒（Lefèvre d'Étaples）出版，之後的十年內，他也成功出版了完整的《聖經》。在宗教改革時代早期，發行方言版《聖經》具有政治風險，因為天主教會將之視為異端，而政府則將它們跟反叛運動連上關係。在英國，廷代爾的聖經就被焚燒了好幾次，他自己則在 1536 年死於火刑。

然而到了 1541 年，當亨利八世的宗教改革在政治上更加穩固之後，英國君王就開將方言《聖經》視為有用的工具，可以鼓勵國家團結、鞏固王室凌駕於教會之上的至高地位，因此下令每一個教區教會都要有一本。《欽訂版聖經》（King James Bible）於 1611 年出現，取代了之前的英文譯本。但它要價高達 2 英鎊，貴得讓人摸不起，除非讀者只購買個別章節，或是購買較小本、人稱「拇指聖經」的濃縮版。

左頁：1526 年的荷蘭文《聖經》由安特衛普印刷商傑可·范·李斯維特（約 1490 至 1545 年）翻譯，高度仰賴路德的《新約》。宗教改革運動鼓勵出版方言聖經，儘管天主教會和幾個統治者認為這是危險的激進行為。

下：勒菲弗·戴塔普勒第一本完整版法語《聖經》中的〈新約〉第一頁。這本《聖經》是從拉丁通俗語版翻譯過來的，於 1530 年出版。由於當時方言聖經在法國還受到禁止，這個版本是在查理五世皇帝的特許下於安特衛普出版的。

路德的《聖經》

馬丁·路德的德文《聖經》在宗教改革史上擁有特殊地位。它比其他任何書籍更能代表路德派的「信徒皆祭司」理想,在這樣的世界,普通人也能自行查閱上帝的話語,不需要神職人員的引導與詮釋。然而實際上,路德主義的傳播還是得仰賴除了德文《聖經》之外的其他出版品,因為德文《聖經》過於昂貴,還無法讓所有信徒都買得起。

路德的《維滕伯格聖經》完整德語版的書名頁。這本書於 1534 年由漢斯·魯夫特印製成兩冊四開本,由路卡斯·克拉納赫進行裝飾。接下來的 40 年裡,魯夫特又印了超過10 萬份。

1538 年一張反天主教會的巨幅傳單，有一幅路卡斯‧克拉納赫製作、手工上色的木版畫，以諷刺手法呈現一套代表教皇的紋章，文字則出自馬丁‧路德之手。兩把斷掉的鑰匙暗示教皇對世界的掌控權已經結束。

　　路德的《聖經》並非絕無僅有：在他之前就已經有過另外 18 個德文版本。但這些較早的譯本通常採取非常字面化的翻譯方式。路德的翻譯跟前人的作品不同，很多不同德國方言的使用者都能夠看懂。他先在 1522 年出版了德文版的《新約》。他翻譯只花了 11 個星期，六個月內就印刷完成。出版後的兩年之內，它在維滕伯格就再版了 14 次，接著又在奧格斯堡、萊比錫、史特拉斯堡和巴塞爾再版了好幾十次。把《舊約》翻譯成德文就困難多了，路德又花了 12 年才完成。

　　路德的《聖經》是當時的暢銷書。在路德本人於 1546 年去世之前，他的《聖經》就再版了好幾百次，共出了大約 20 萬本。但這本書對大部分路德派信徒而言還是太過昂貴，況且當時也還只有 3~4% 的德國人識字。在 1534 年，一本未經裝訂的完整版德文《聖經》要價大約相當於一個普通工人一個月的薪水。教會、牧師和學校會購買德文《聖經》，這符合路德的用意。德國某些親王國的政府下令每一個神父跟教區都要有一本，藉此提高銷售量與流通率——例如黑森和布蘭登堡就是這樣。

　　讓每一個農民的小屋裡都有一本德文《聖經》的理想還無法成為事實。

但在斯堪地那維亞和信奉喀爾文教派的荷蘭，狀況就不同了，因為人們的閱讀能力較為普及（儘管書寫能力未必如此）。在這些地區，印刷業者發現製作小小的八開本有利可圖，因為它們攜帶方便、普通家庭也能使用。在 1520 至 1566 年間，大約每 25 個說荷蘭語的人當中就有一人擁有《聖經》。在 17 世紀的新英格蘭，擁有《聖經》這件事應該也比在現代早期的德國普遍許多。

因此，德文《聖經》並不是路德主義的主要媒介。改革運動讓印刷業者忙於印製大量的傳單、小冊子、教義問答集與單頁的全開報（德文 Flugschriften，「宣傳單」的意思），而改革運動的敵人也以牙還牙，掀起一場小冊子大戰。這些全開報上面印有粗糙的木版畫，將路德的訊息傳遞給不識字的人，它們把教皇描繪成巴比倫的妓女、把路德描繪成善良的牧羊人、把神職人員描繪得腐敗又頹廢。1518 至 1525 年間，大約有 300 萬份小冊子在德國流通——而當時德國的總人口數也不過 1300 萬而已。路德的《致日耳曼貴族書》（Appeal to the Christian Nobility of the German Nation，1520 年）初版就印了 4000 份，幾天之內就銷售一空。後來又再版了 16 次。

跟其他許多 16 世紀的作者一樣，路德也很懊惱地發現自己失去了出版品的控制權。德國和瑞士各地的缺德印刷業者嗅到好商機，紛紛盜印。在這個過程中，他的文章被刪節、修改、扭曲。在早期的印刷世界，作者將任何版本的作品斥為非法都是徒勞無功的事——總還是會有人印，而且不會受罰。

馬丁·路德的《教會被擄於巴比倫》（1520 年出版）是一份以拉丁文寫成的小冊子，目的在於對抗教皇提倡減少聖禮。不久路德就遭到了絕罰。

科學革命之書

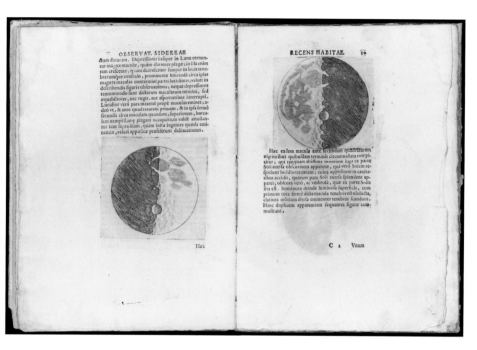

在印刷機興起之前，歐洲雖有宗教書籍的大眾市場，卻沒有科學論文的。印刷徹底改變了科學知識的傳遞方式。例如，它可以複製正確的圖表、地圖、解剖圖與動植物描繪圖。在此之前，木版插圖反覆使用久了會愈來愈不清楚，但開發出蝕刻的金屬版之後，準確的視覺資訊就能夠保存得比較久了。這是個緩慢的進程，而印刷者的無心之過還是經常造成錯誤資訊的散播。在伽利略 1610 年於威尼斯出版的《星際信使》（Sidereus Nuncius）中，他的月球表面望遠鏡影像似乎是前後顛倒的。

印刷也使學術書籍變得更普遍，讓研究者得以自由查閱古老文獻、將自己的觀察和同儕的觀察拿來作比較。例如，丹麥貴族天文學家第谷‧布拉赫（Tycho Brahe，1546-1601）就可以在 16 世紀的哥本哈根買到古典時代天文學家托勒密（約公元 90 至 168 年）與哥白尼（1473-1543）的著作，因此當他想弄懂自己觀察得到的資訊時，並不必從零開始。布拉赫在他的私人島嶼文島（Hven）上架設了印刷機和一座造紙廠，印製他自行出版的論文，跳脫了正常的商業限制。布拉赫的前助理，也就是德國學者約翰尼斯‧克卜勒（1571-1630），成為繼布拉赫之後的下一任皇

家數學家，他發現行星的軌道並非
正圓形而是橢圓形。克卜勒親自監
督他的《魯道夫星曆表》（Tabulae
Rudolphinae）的發行，該書是以布拉
赫的觀察為基礎，於 1627 年在烏爾
母出版。克卜勒親自設計卷首插畫，
是一幅精美的版畫，描繪他自己和哥
白尼以及諸位古代天文學家在一起的
畫面，並且帶著這本書去參加 1627
年的法蘭克福書展。

　　科學家需要王室或貴族的贊助，
因此在 1632 年，伽利略將他的《兩
大世界體系的對話》（Dialogue on
Two Chief World Systems）獻給了他
的贊助者：梅第奇家族的費迪南二
世。然而，此舉並未能保護他免受宗
教裁判所的迫害。科學家若想出版自
己的發現，常常必須擺平天主教會的
打壓。1616 年，哥白尼的作品被宣
告違背聖經，但在 1617 年，阿姆斯

克卜勒《魯道夫星曆表》的卷首插
畫呈現出這位天文學家的宇宙模型。
他的作品提供了計算行星位置所需
的資料，準確率足以預測 1631 年的
水星凌日。

特丹的天球儀製作師威廉・揚松・布勞（Willem Janszoon Blaeu，1571-1653）
還是發行了一份新版的哥白尼爭議之作《天體運行論》（De revolutionibus
orbium coelestium，最早於 1543 年出版）。新教出版商可以在天主教會的
禁書中找到商機。克卜勒的《哥白尼天文學概要》（Epitome astronomiae
Copernicanae，1617 年）被列入了《禁書目錄》（Index of Prohibited
Books）。伽利略於 1633 年被判以散播異端的罪名，不僅被迫撤銷他的說法，
還受到軟禁。但他的《關於兩門新科學之對話與數學論證》（Discourses and
Mathematical Demonstrations Concerning Two New Sciences）卻被偷偷裝進一
個外交郵袋，於 1638 年在來登由埃澤維爾家族（Elzevir）出版。在新教國家，
出版通常比較容易。例如在倫敦，1662 年取得印刷執照的皇家學會就透過他
們的《會刊》傳播了許多新的科學研究。

地圖集與製圖法

在 16 世紀之前，世界地圖依然以古希臘模型為本，特別是托勒密的《地理學》（Geographica，公元 150 年左右）。托勒密曾經試著解決以二維方式來呈現球體（地球）所會遇上的問題，但他遠遠低估了地球的大小。這個誤算後來害哥倫布（1451 至 1506 年）以為他若要從歐洲前往亞洲，往西航行會比往東快。

在探索的大時代，歐洲人對世界地理的了解愈來愈廣。法蘭德斯地圖師亞伯拉罕·奧特柳斯（Abraham Ortelius，1527-98）的《世界劇場》（Theatrum orbis terrarum）於 1570 年在安特衛普首度出版，是第一本現代地圖集。裡頭有 69 幅地圖，涵蓋了全世界，總結了歐洲人在地圖製作法上的巨大進步。它經常受到修訂、補充與重新編輯。

奧特柳斯在非洲和南美洲南方畫了一個巨大的南方大陸，橫跨了印度洋與太平洋。它被稱為「Terra Australis Nondum Cognita」（「依然未知的南方之地」）。之所以推測有一個巨大的南方陸塊存在，是因為有人們認為北半球的

亞伯拉罕·奧特柳斯 1570 年的世界地圖，呈現出一個巨大的南方大陸和一個形狀怪異的南美大陸。

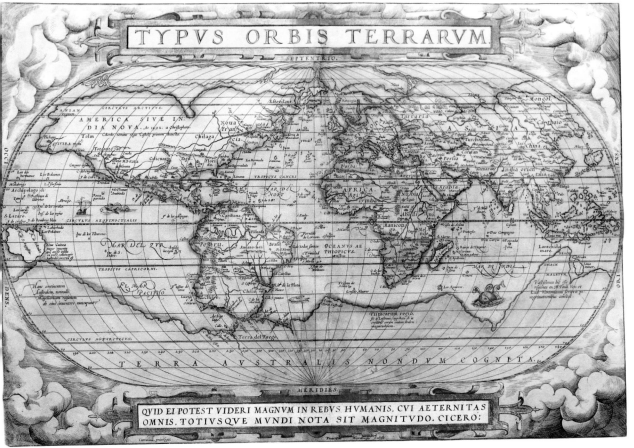

第一張澳洲「地圖」，原本由尼古拉
‧瓦拉（Nicolas Vallard）於 154
年繪製。圖中為澳洲東岸，南方在上
跟許多當代的地圖一樣，圖中也畫
一些當地居民和海洋生物。

大陸需要一個平衡錘，才能讓地球保持平衡。在啟蒙時代之前，這個想法刺激了各種揣測與狂想，以及錯得離譜的繪圖法。詹姆斯‧庫克船長在他的第一趟旅程上畫出了紐西蘭和澳洲東部的海岸線（1768-71 年），但人們依然認為更南方還有一個更大的陸塊。第二趟旅程（1772-75 年），庫克繼續航向南極大陸，結果什麼也沒發現，一舉破除了這個迷思。在尼古拉‧波當（Nicolas Baudin）於 1800-3 年進行遠征之後，法國人做出了第一份完整的澳洲地圖。

在 17 世紀之前，地圖經常互相抄襲，複製著第三手或第四手的錯誤以及對異國的幻想。例如彼得‧凡‧德爾（Pieter van der Aa，1659 至 1733 年）在來登出版了一些地圖集，以 1580 年代前往葡屬東印度群島的探險家的敘述為本，但卻還是加入了一些可怕怪獸的插圖，傳統認為怪獸住在未知的土地上。梅因茲大教堂的教士伯恩哈‧凡‧伯雷登巴克（Bernhard von Breydenbach，1440-97 年）是最早根據客觀目擊者的第一手資料繪製出地形圖的人之一，他在 1483-84 年前往聖地，1486 年出版了《聖地朝聖行》（Peregrinatio in Terram Sanctam）。這股以寫實方式繪製地圖的風潮最後還帶動人們以更準確的方式繪製天體圖。波蘭出生的天文學家約翰尼斯‧赫菲流斯（Johannes Hevelius，1611-87）是第一個根據自己透過望遠鏡的觀察將坑坑洞洞的月球表面仔細畫成地圖的人，這張圖被放進他的《月球學》（Selenographia），於 1647 年出版。

印刷品

在早期的印刷世界，書還是跟手抄本很像。但新的形式很快就發展了出來，而印刷頁面上的資訊很快就涵蓋了我們今日視為理所當然的所有元素。

　　早期的印刷書具有非常豐富的引導裝置。首先是一幅雕版印刷的卷首插畫，通常裝飾得很複雜，形式可能是一座拱門，迎接讀者進入書中世界。接下來可能會有一幅作者的版畫肖像，大眾之所以變得如此熟悉路德和伊拉斯莫斯（Erasmus）的肖像，正是透過這些圖像。書名通常很長，像是在給內容打廣告，還會引用一句拉丁文或聖經裡的話。例如，當湯瑪斯‧薩魯斯柏利（Thomas Salusbury）在 1711 年出版伽利略《兩大世界體系》的翻譯本時，他的書名是這樣的：《世界體系：以四段對話呈現。由弗羅倫斯紳士、比薩大學數學系之傑出教授、托斯卡尼大公爵手下之首席數學家伽利略‧伽利略‧林修斯暢談托勒密和哥白尼之兩大體系，並以公正而開放的態度，從正反兩面探討哲學上與物理學上的理性。由湯瑪斯‧薩魯斯柏利從義大利原文譯為英文》，後面還有阿爾喀諾俄斯（Alcinous）和塞內卡（Seneca）的座右銘。在書的開頭指明印刷者以及出版的時間地點也成為慣例。印刷者的簽名稱為出版商標（colophon），在手抄本中，這個東西是出現在文末，也就是抄書員慣常的簽名處。可能還會有一封獻給作者贊助人的信，在這之後，讀者才會看到目錄。

　　早期的印刷書跟手抄本一樣，通常沒有頁碼——頁碼是由讀者手工加上去的。然而，印刷書逐漸開始有了這些元素，此外還有頁首的欄外標題。手抄本的讀者會在文字的眉批處自行加上記號，例如畫出一隻鳥或一根手指的符號來指出某個特別值得注意的段落。印刷書也採納了這些傳統作法。

柏納杜斯‧梅林克羅德（Bernardus Mallinckrodt）《論印刷藝術之興起與進步》的卷首插畫。梅林克羅德發明了「搖籃本」一詞，泛指 1501 年之前在歐洲印刷的書籍。他對古騰堡（圖左）堅稱自己是印刷術發明者一事表示支持。

在 16 世紀之前，書的內文通常沒有分段，因此讀者面對的是毫無空白的文字塊，就算有分割，也是分割成兩欄。閱讀能力不夠強的人閱讀文字時需要相當的換氣空間，但這會迫使印刷者消耗更多紙張，而紙卻是最珍貴的商品。《聖經》原本就已經在抄寫文化中被分割成了書、章、節，但當時並沒有一個大家都接受的統一系統。最後受到大家共同採用的聖經分段方式，是法國印刷者勞伯‧艾斯帝安（Robert Estienne，又名 Robertus Stephanus）於 1551 年組織起來的。

手抄本的一個特質就是一定會有許多變化和錯誤，印刷則讓書本標準化。人們開始有了新的預期，認為一份文稿的所有版本都應該與原版一致，這點可以從德國人文主義者伊拉斯莫斯的作法中清楚看出：他會發出勘誤表，也就是修正錯誤的額外書頁，當未經裝訂的書本售出之後，勘誤表便能跟其他頁面裝訂在一起。

上左：安德魯‧麥拉爾（Andrew Myllar）的出版商標，他於 1507 年成為蘇格蘭第一個取得授權的印刷商。風車商標代表他的姓氏。

上右：法語版《新約》中〈馬太福音〉的開門頁，由羅伯特‧艾斯帝安於 1553 年在日內瓦印行。此時章節畫分與文字段落已經成為標準，從這一頁即可看出。

阿爾杜斯‧馬努提烏斯與經典作品

文藝復興時期的讀者與出版商協助讓書籍現代化，但弔詭的是，他們的作法卻是回顧古希臘羅馬時代的經典作品。若想了解法律與政治，就一定要讀西塞羅，而對所有受過教育的讀者而言，歐維德、維吉爾和賀拉斯等偉大詩人的作品則是文學的基礎。大部分的哲學評論都是以柏拉圖和亞里斯多德為本，老普林尼（Pliny）則被視為自然科學的首要權威。

經典作品被製成小小的、易於攜帶的八開本，供有文化的平信徒讀者閱

阿爾杜斯‧馬努提烏斯在這份 1501 年版的維吉爾《牧歌集》中所使用的「義大利體」（斜體）字企圖達到的是古典風格的簡約清晰。

PHARMACEVTRIA.

T erna tibi hæc primum triplici diuerſa colore
L ica circundo, terq; hæc altaria circum
E ffigiem duco, numero Deus impare gaudet.
  Ducite ab urbe domũ mea carmia, ducite Daphnim.
N ecte tribus nodis ternos Amarylli colores,
N ecte Amarylli modo, et Veneris dic uincula necto.
  Ducite ab urbe domũ mea carmia, ducite Daphnim.
L imus ut hic durescit, et hæc ut cæra liquescat,
V no, eodemq; igni, sic noſtro Daphnis amore.
S parge molam, et fragileis incende bitumine lauros.
D aphnis me malus urit, ego hanc i Daphnide laurũ.
  Ducite ab urbe domũ mea carmia, ducite Daphnim.
T alis amor Daphnin, qualis cum feſſa iuuencum
P er nemora, atq; altos quærendo bucula lucos
P ropter aquæ riuum uiridi procumbit in herba
P erdita, nec feræ meminit decedere noſti,
T alis amor teneat, nec sit mihi cura mederi.
  Ducite ab urbe domũ mea carmia, ducite Daphnim.
H as olim exuuias mihi perfidus ille reliquit
P ignora cara sui, quæ nunc ego limine in ipſo
T erra tibi mando, debent hæc pignora Daphnin.
  Ducite ab urbe domũ mea carmia, ducite Daphnim.
H as herbas, atq; hæc ponto mihi lecta uenena,
I pſe dedit Mœris, naſcuntur plurima ponto.
H is ego ſæpe lupum fieri, et se condere ſyluis
M œrim, ſæpe animas imis excire ſepulchris,
A tq; ſatas alio uidi traducere meſſes.
  Ducite ab urbe domũ mea carmia, ducite Daphnim.
F er cineres Amarylli foras, riuoq; fluenti,
T ransq; caput iace, ne reſpexeris, his ego Daphnim.

OCTAVA.

A ggrediar, nihil ille deos, nil carmina curat.
  Ducite ab urbe domũ mea carmina, ducite Daphnim.
A ſpice, corripuit tremulis altaria flammis
S ponte ſua, dum ferre moror, cinis ipſe, bonum ſit.
M eſcio quid certe eſt, et Hylas in limine latrat.
C redimus, an qui amant, ipſi ſibi ſomnia fingunt?
  Parcite, ab urbe uenit, iã parcite carmina Daphnis.

ECLOGA. IX. MOERIS.

Lycidas. Mœris.

Q vo te Mœri pedes? an quo uia ducit in urbem?
  O Lycida uiui peruenimus, aduena noſtri M.
  Q uod nũquã ueriti ſumus, ut poſſeſſor agelli
D iceret, hæc mea ſunt, ueteres migrate coloni.
N unc uicti triſtes, quoniam ſors omnia uerſat.
H os illi (quod nec bene uertat) mittimus hœdos.
C erte equidem audierã, qua se ſubducere colles Ly.
I ncipiunt, molliq; iugum demittere cliuo,
V ſque ad aquam, et ueteris iam fracta cacumina fagi
O mnia carminibus ueſtrum ſeruaſſe Menalcam.
A udieras, et fama fuit, ſed carmina tantum Mœ.
N oſtra ualent Lycida tela inter Martia, quantum
C haonias dicunt aquila ueniente columbas.
Q uod niſi me quacunq; nouas incidere lites
A nte ſiniſtra caua monuiſſet ab ilice cornix,
N ec tuus hic Mœris, nec uiueret ipſe Menalcas.
H eu cadit i quenquã tantũ ſcelus? heu tua nobis Ly.
P ene ſimul tecum ſolatia rapta Menalca.
Q uis caneret nymphas, quis humũ florẽtibus herbis

讀。這場古典文學復興運動的重要先鋒之一是威尼斯印刷商阿爾杜斯‧馬努提烏斯（Aldus Manutius，1449-1515）。馬努提烏斯為他那一系列經典作品口袋書設計了一種新字體，這種字體有點傾斜，他將之取名為「義大利體」（italic，也就是中文所說的「斜體」），所指涉的是古典時代的義大利。他雖然試圖為這種新字體申請專利，卻無法阻止威尼斯之外的印刷商抄襲。

　　這套於 1501-2 年首度發行的「阿爾杜斯經典作品集」算是構成了一場出版革命，雖然它完全稱不上是平裝書革命的原型，因為這套書並不便宜。馬努提烏斯這套書的目標讀者是有文化的平信徒。像賀拉斯與維吉爾這類古典拉丁文作者，以及佩脫拉克和但丁等義大利方言詩人，作品都以簡單高雅的稿本呈現，沒有累贅的註解，也沒有讓人分心的學術評論，而這些都是中世紀古典文學書籍慣有的東西。

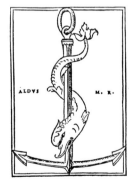

埃爾澤維與「荷蘭奇蹟」

在 17 世紀，有個人口不滿 200 萬的歐洲小國變成了出版重鎮。研究書籍的現代歷史學家將這場轉變形容成「荷蘭奇蹟」，它將海牙、烏得勒支、阿姆斯特丹和來登等城市變成了重要的知識中心。

低地國具有幾項有利條件。荷蘭人很歡迎來自西屬尼德蘭（Spanish Netherlands）的喀爾文教派難民，而他們很多是印刷業者。由於沒有其他某些歐洲國家盛行的那種嚴格審查制度，當地的氛圍一直很有包容性。此外，荷蘭人本身的識字率也很高。荷蘭企業家可以善用發展成熟的商業網絡，這有助讓 17 世紀的荷蘭變成一個新聞、聖經、政治小冊子與其他印刷文學的偉大發行中心。

埃爾澤維家族是荷蘭書籍貿易最有聲望的企業王朝之一。路易斯・埃爾澤維（1540-1617）原本在安特衛普擔任克里斯多夫・普朗坦的學徒，他於 1580 年搬到來登（Leiden），開創了自己的事業。他的後代則為來登大學印製教科書、學術論文與古典文獻。

埃爾澤維家族在 1622 至 1652 年間發行了他們最受好評的版本，當時在任的是波納文屈與亞伯拉罕・埃爾澤維（Bonaventure and Abraham Elzevir）。他們開始出版一系列拉丁文的古典文獻，是小小的十二開本，附有當代學者

下左：埃爾澤維 1638 年在來登出版的伽利略《對話與數學論證》書名頁，有埃爾澤維著名的榆木商標。

下右：埃爾澤維的事業仰賴的是翻印經典著作，例如維吉爾的作品。這本 1636 年版的書名頁對面貼著主人的藏書票（左邊）。

的註解。這些口袋版的經典著作非常有品質：富學術味、可靠，而且價格合理。1636 年出版的《維吉爾全集》暢銷到再版了 15 次。沒過多久，口袋版大小的經典作品就被稱作「埃爾澤維版」，就算不是埃爾澤維家族出版的也一樣。

波納文屈和亞伯拉罕・埃爾澤維還首度發行了另一套暢銷書，也就是 1626 至 1649 年間以拉丁文出版的《共和國》（Republics）。當中每一冊都介紹歐洲、亞洲、非洲或近東某一個國家的地理、居民、經濟和歷史，是現代旅遊書的鼻祖。

這些成功的商品所帶來的利潤讓埃爾澤維家族得以進行更高風險、更昂貴的嘗試。他們在 1624 至 1678 年間發行了七版伊拉斯莫斯的《新約》，出了六版笛卡兒的《哲學作品》（Opera philosophica），並且在伽利略備受爭議的《關於兩門新科學之對話與數學論證》被義大利宗教裁判所列為禁書之後將它出版（1638 年）。當閃語研究在荷蘭大行其道時，埃爾澤維家族還以另一項專業出名，就是以非羅馬字母排字。

當國際競爭超越荷蘭的書籍貿易時，埃爾澤維家族的企業王朝於 1712 年告終，「荷蘭奇蹟」也逐漸凋零。但家族之名於 1880 年獲得重生，因為賈克布斯・羅伯斯（Jacobus Robbers）將他新開的出版社取名為「埃爾澤維」，並且採用了埃薩克・埃爾澤維（1596-1651）當年使用的印刷商標，圖案是一個老人站在一棵象徵知識之樹的榆木下。20 世紀中葉，這家公司出版的是科學期刊，在荷蘭、美國以及英國都有分公司。1970 年代，他們專門出版醫學書籍。如今它是李德－埃爾澤維關係企業的一部分，是全球科學與保健書籍的首要出版者之一。

美國華盛頓特區的國會圖書館大廳飾有這個多彩的榆木徽章，以此表達對埃薩克・埃爾澤維的謝意。

克里斯多夫・普朗坦的多語《聖經》

克里斯多夫・普朗坦（1514-89）最初是法國諾曼第城市康城的一個裝訂商。他在 1549 年定居安特衛普，而到了 1580 年代，他便已經掌管歐洲最有名的印刷出版社之一。他的黃金羅盤商標背後是一個大規模的工業化商行，擁有國際顧客。他出版包羅萬象的文學作品，包括禮拜用書與詩歌集、寓意畫集、口袋版的西瑟羅作品、《伊索寓言》，以及一版安德里亞斯・維薩里的《人體的構造》，附有解剖圖的雕版畫。

在西屬尼德蘭，出版是一種危險的事業。觸怒當局的印刷者有可能會被監禁或處決。普朗坦就踩在守法與違法之間那條模糊的線上。儘管他從未表示自己對新教有任何認同感，西班牙政府還是在 1561 年下令搜查他的工作室，看看有沒有什麼異端之作。普朗坦的解決方案就是把自己的庫存統統賣掉，等風頭過了再買回來。1563 年，他跟四個喀爾文教派人士合夥，他們為他提供了重要的企業資本。但當艾爾瓦公爵奉天主教西班牙國王之命，於 1567 年殺進布魯塞爾鎮壓反叛的荷蘭、處決數以千計的人時，普朗坦為了活命，只好與他的新教徒合夥人切斷一切關係。普朗坦知道，他這下需要的是一個強而有力的贊助者。而除了西班牙國王腓力二世本人，還有什麼更好的人選？

普朗坦的「多語聖經」就是為腓力二世製作的，當中有互相對照的拉丁文、希臘文、希伯來文、敘利亞語和阿拉米語。這項計畫必須先經過宗教裁判所的仔細審查，然後才有可能贏得國王的認可。這是一項極其昂貴的投資，製作期間，普朗坦把自己的整個企業都抵押給了國王。普朗坦還需要上述所有語言的活字：法國印刷者蓋哈蒙（Garamond）為他提供了活字的鋼模，好讓他製作母模。這本多語《聖經》動員了 13 臺印刷機和 55 個人員，校對的工作還沒算在內，負責校對的是幾個語言專家，連普朗坦十幾歲的

普朗坦的多語《聖經》卷首插畫。這本書是 1568 至 1572 年間在安特衛普印製的，共分成八冊對開本。只有寥寥幾本存留至今，因為很多都在運往西班牙途中隨著船難消失在海中。圖中的動物群應該是象徵基督徒的團結。

女兒也投入其中。據說她雖然一個字也看不懂，卻能完美準確地校正稿子。這本聖經共分為八冊，為對開本，所以一次只能印兩頁。整個工程總共耗時四年，從 1568 做到 1572 年，但普朗坦因此獲得了西班牙國王的聖寵。他贏得了「王之首席印刷者」的頭銜，坐擁一樁利潤豐厚的壟斷事業，專門印製禮拜用書。

荷蘭於 1581 年宣告脫離西班牙獨立。當尼德革命的領導者威廉一世（William the Silent）進入安特衛普時，普朗坦又得見風轉舵，支持荷蘭新教主義，但又不能惹火西班牙國王。他成功地演了一齣兩面討好的戲：一方面為荷蘭國會印刷，一方面又在荷蘭與巴黎這個反宗教改革的出版中心持續經營他的子公司。當他在 1589 年去世時，他把飛黃騰達的出版王朝留給了女婿伊恩·莫雷圖斯（1543-1610）。

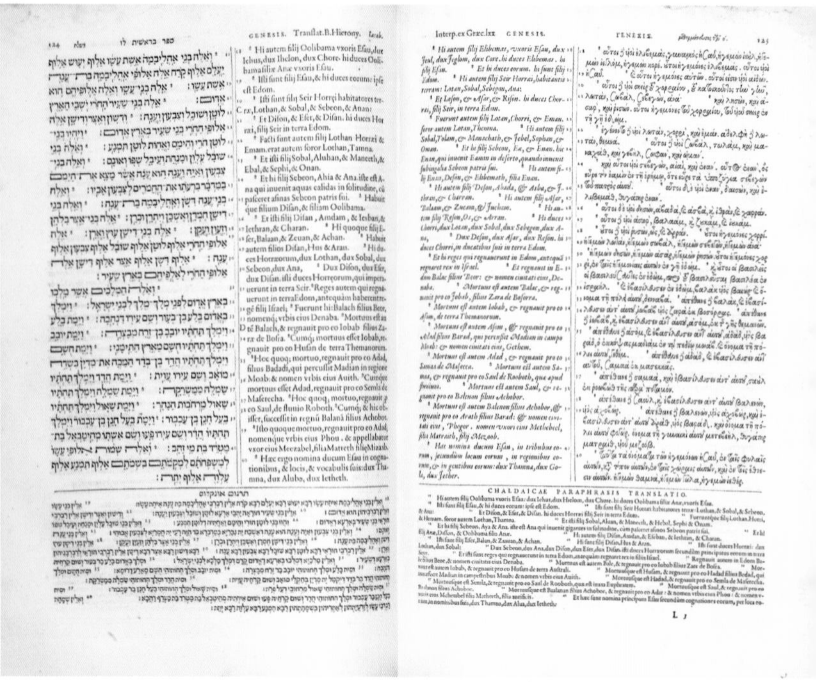

上：普朗坦多語《聖經》中的一個跨頁。左起：希伯來語版，其拉丁文翻譯，希臘語版，希臘語版的拉丁文翻譯。底下左邊是阿拉米語版，右邊則是阿拉米語版的拉丁文翻譯。〈新約〉有希臘文版和敘利亞語版，以及各自的拉丁文翻譯。

左：普朗坦－莫瑞圖斯出版社位在一座名叫「黃金圓規」的建築物內，而這圓規也出現在普朗坦的商標裡（左圖，由彼得·保羅·魯本斯所繪）。

宗教裁判所與《禁書目錄》

由於宗教改革運動火速蔓延，教皇以及背負著審查責任的大學神學院起而採取行動。在 1544 至 1556 年間，巴黎的索邦大學總共發出了 500 份異端作品的罪狀；魯汶大學於 1546、1550 與 1558 年出版的《禁書目錄》總共列出了 500 本禁書，而向來自有一套法律的西班牙宗教裁判所則列出了更多。天主教會特別關注審查制度，因為它向來負責定義什麼才是正規教條，防止人們進行異端的詮釋。《禁書目錄》（Index librorum prohibitorum）列出了教會的出版品黑名單，而在反改革運動期間，這份名單愈來愈長。到了 1790 年，登上《目錄》的禁書已經多達 7400 本。

宗教裁判所是教皇保祿三世於 1542 年在羅馬成立的。它本質上是個法庭，直接向教皇本人報告，因此地方主教通常對它相當厭惡，因為他們對它做出的決定幾乎無從置喙。1558 年，羅馬的第一本《禁書目錄》公告了大約 1000 本禁書，其中包括了伊拉斯莫斯、馬基維利和拉伯雷的作品——等於是跟歐洲的知識菁英宣戰。1572 年，禁書審定院成立，是一個獨立部門，負責隨時更新黑名單。後來出的《禁書目錄》更加精細複雜：它們會根據有害程度給作者打分數，有時則會標示出有待刪除的特定段落，而不是否定一整本書。例如，伊拉斯莫斯就受到了比較寬厚的待遇。宗教裁決所試圖禁止閱讀方言的宗教書籍，甚至反對閱讀羅曼史，他們把書本妖魔化到只要擁有一本書就會被視為可疑的程度。有個威尼斯的工匠在 1572 年被控以異端分子的罪名，就只因為他被抓到在鄰居家裡看書。

鎮壓並不是在所有的地方都能有效執行。雖然西班牙的腓力二世在新世界的三個中心地——利馬、墨西哥市與卡塔赫納——成立了宗教裁判所，但由於距離西班牙太過遙遠且缺乏符合資格的人員，此舉在美洲很難落實。宗教裁判所甚至連義大利本土都沒辦法全部管到，其活動或多或少都只侷限在阿爾卑斯山區和義大利北部，因為他們認為這些地方最有可能被新教徒滲透。實際上，鎮壓行動不僅力道微弱，還是間歇性的。在法國，禁令向來受到忽視。

禁書審定院一直以官方機構的身分存留到 1917 年，梵諦岡本身則在 1966 年廢除了《禁書目錄》。

1786 年版的《禁書目錄》卷首插畫，描繪書本被燒毀的情景。底下引用《使徒行傳》中的文字來將焚書的行為正當化。根據一項古老的信念，「好」的書籍會完好無損地從火焰上方飄過去，有害的文學則會被燒成灰燼。

中美洲的抄本

西班牙征服者將他們獨特的文化包袱以書本的形式從西班牙帶到了新世界。但他們並非來到一個文盲社會。雖然印加人沒有什麼偉大的文書傳統，但墨西哥和中美洲在西班牙時代之前就已經擁有豐富的文學文化，是傳教士和西班牙征服者試圖（但並未成功）摧毀的東西。

西班牙征服者的書就是反宗教改革的書：彌撒經本、聖經、時禱書、聖徒傳記以及神學作品。16 世紀從西班牙運過去的所有書籍中，有大約 70% 是教會用書，旨在協助當地人改信天主教。狂熱的神父將馬雅人和阿茲提克人的書籍視為惡魔之作，在一連串的教會大屠殺中，很多書都被摧毀了。西班牙人來征之前，中美洲的本土書籍有好幾百本，但如今那個時代的書只有 15 本存留下來。

宗教裁判所的人在猶加敦半島見識到了馬雅人的傳統書寫文化，在墨西哥則是發現納華人（Nahua，又叫阿茲提克人）的文書。中美洲人書寫用的紙張是用野生無花果樹的內皮做的。納華人稱之為「amatl」，而書本身則叫「amoxtli」——源自 amatl。馬雅人則將紙張稱為「huun」。馬雅人的「huun」紙於第 5 世紀問世，比地中海世界使用的莎草紙更加耐用得多。紙材上塗有一層石膏，形成光滑的白色表面供作畫之用。中美洲的抄本通常以折本的形式折疊起來，成為「屏風」書。打開的時候，讀者可以同時瀏覽很多頁。

在馬雅人的書寫系統中，每個符號或字符都代表一個生物、一種想法或一件物體。很多字符都具有隱藏的意義，可以進行不同的詮釋，學者還在進行解碼，但馬雅文書在發展的過程中顯然變得愈來愈語音化。目前已經解讀出超過 800 個字符，但未解的還很多：位於宏都拉斯科潘的象形文階梯（Hieroglyphic Stairway）有大約 1300 個刻在石頭上的字符，描述當地領袖的事蹟與族譜。

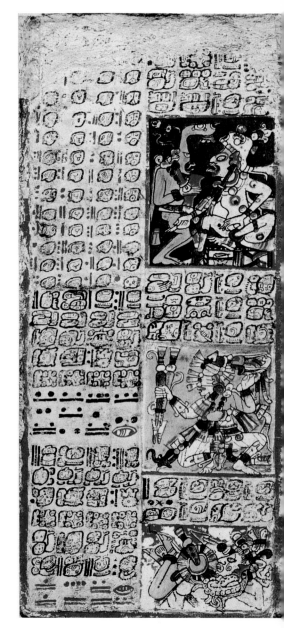

《德勒斯登抄本》當中的一頁，紙材為無花果樹皮，表面有一層以石灰為基礎的塗料，雙面都有寫字。這本書被用於天文計算與占卜。

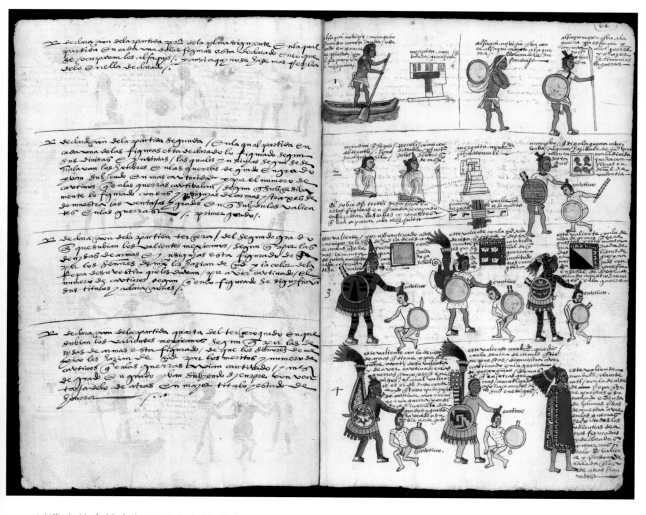

　　馬雅人的書籍有祭司的占卜儀式書、日曆、當地歷史書與皇家族譜。馬雅文明於公元 3 至 10 世紀之間在猶加敦半島以及瓜地馬拉高地上蓬勃發展，而史書就記載著好幾百年的馬雅歷史，描述統治者與達官貴人的生平，以及征服之類的重大事件。日曆是神聖的曆書，記載著至關重要的占星資訊——例如金星的週期，想找到開戰或加冕的吉時就得靠它。

　　馬雅人也有醫學論文、地圖，以及關於動植物的書。德勒斯登抄本（Dresden Codex）存留在德勒斯登的州立圖書館（瓜地馬拉市的國家圖書館裡有一份一模一樣的複製品）。這份抄本由一張長長的紙構成，以手風琴式折疊，總共 39 頁，每一頁都是兩面書寫。其年代在 11 或 12 世紀，是美洲現存最古老的書。人們認為它在 16 世紀由宗教裁判所的人帶到歐洲，並於 1739 年由德勒斯登的皇家圖書館館長從一名維也納的私人收藏家手中買下。抄本中有一些占卜性質的馬雅文書，包括天文圖表與曆書。

《門多薩抄本》是一本殖民時期的阿茲提克書，由新西班牙的總督門多薩委託製作，並以他的名字為名。它應該是 1541 至 1542 年間製作的，也就是西班牙人征服美洲大約 20 年之後，使用的紙為歐洲紙，象形文上附有西班牙文註解。這一頁解釋了新手祭司的職責（最上）以及阿茲提克戰士的軍階（最下）。

門多薩抄本（Codex Mendoza）則是一本納華人的書，由西班牙殖民官員於 1541 年委託製作，是獻給西班牙國王查理五世的禮物。書中有阿茲提克歷代國王的歷史，記錄著他們被西班牙人征服前必須獻給當地統治者以及被征服後必須獻給西班牙人的貢品，以及關於阿茲提克人日常生活的人誌學資料。裡頭還有一篇西班牙神父的評論。

　　在墨西哥，納華人的屏風書是用鞣製過的鹿皮做的。阿茲提克人的書和馬雅抄本不同，是以圖畫為主。例如，埃爾南‧科爾特斯（Hernan Cortes）探險隊一到，立刻就被人以圖畫記錄下來，送去警告阿茲提克統治者蒙提祖馬（Montezuma）。另一本阿茲提克人的屏風書，波旁尼克抄本（Codex Borbonicus），則是祭司們在西班牙人剛剛來征之前或之後抄寫的。它由一張將近 15 公尺長的 amatl 紙構成，包含了一份占卜日曆，一份中美洲 52 年循環的概述，以及必須依照這個循環進行的一系列儀式與典禮。

　　從 16 世紀存留至今的這類書籍有好幾百本，但有些只是殘片，有些的狀況則已糟糕到無法閱讀。它們提供了一個珍貴的鏡影，可以讓我們一窺西班牙人抵達前以及剛抵達時墨西哥與中美洲人的生活與文化。

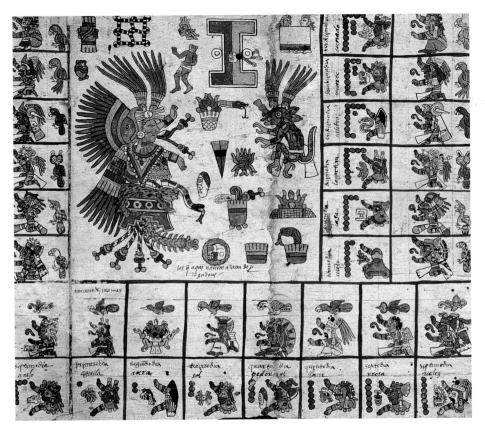

《波旁尼克抄本》是一本占卜用的阿茲提克曆書。每一頁都有一個掌管該時期的主神，此外每一天也都有各自的神明和符號。這份抄本上有一些西班牙文筆記，因此無法確定它的年代在西班牙時代之前或者之後。

《唐吉訶德》

《唐吉訶德》的書名完整翻譯過來叫《拉曼查的天才紳士唐吉訶德之生平事蹟》，作者賽凡提斯（Miguel de Cervantes Saavedra，1547-1616）因為這部作品而成了西班牙文壇的大人物。就像在英國文學與法國文學中扮演類似要角的莎士比亞與莫里哀一樣，賽凡提斯也藉著他筆下這位荒謬但具有同理心的英雄同時博得了宮廷與農民讀者的喜愛。

賽凡提斯出生在亨納利堡一個普通的外科醫師家庭。他逍遙學派的人生看起來就像他筆下的虛構人物。他曾在某個時間點逃離西班牙，可能是因為跟人決鬥的緣故，然後跑到羅馬，為樞機主教阿卡維瓦做事。他於 1570 年從軍，在勒班陀的海上大戰中對抗土耳其人。他就在這時候被北非海盜俘虜，

只得被贖回來。最後他定居在馬德里。

賽凡提斯因為在 1605 年出版了《唐吉訶德》上集而一舉成名。立刻就有好幾個盜版出現。1614 年，有人以阿文拉涅達（Avellaneda）的筆名出了一份假的下集，但這個神祕作者究竟是誰，始終沒有一個令人滿意的結論。由於發生這樣的事，賽凡提斯趕緊完成真正的下集，並於 1615 年出版，就在他自己去世的前一年。到了這個時候，上集就已經被翻譯成英文、法文與義大利文，在里斯本、米蘭和布魯塞爾都有出版。

在下集的第 62 章裡，唐吉訶德造訪了巴塞隆納的一家印刷廠（那是巴塞隆納的新奇事物之一），結果發現那裡正在印刷的竟是……賽凡提斯的神祕模仿者所寫的《唐吉訶德》下集。製作書籍的所有程序——從排字到校稿——在這個章節裡都有提到，顯示出這位作者已經苦悶地意識到，製作過程有多大比例已經超出了他個人的掌握。他的作品不僅出現盜版且無人受罰，而且在印刷廠裡進行的文字修訂與校對過程本身就表示：在「黃金時代」的西班牙，作者已經無法監督自己文稿的每一次轉變。

賽凡提斯和他原本的出版商，也就是賣書的羅布雷斯家族，都沒有靠《唐吉訶德》賺到多少錢。第一版大概印了 400 本，但大部分都送往美洲，因為那裡的利潤空間比較大。不幸的是，對船隊而言，1605 是個災難之年，那批印刷品大部分都隨著遇難船消失在加勒比海。但第一版確實有 72 本在 1606 年抵達了祕魯。海外版、濃縮版與無法無天的山寨版並沒有為作者賺到一毛錢。

1636-37 年，這本小說的上下集都在西班牙宮廷獲得出版——讓賽凡提斯的作品朝正統化邁進了一大步。接著馬德里又再刷了幾次，此外還有一套附

喬欽‧伊巴拉於 **1780** 年為西班牙皇家研究院印製的四冊裝豪華版《唐吉訶德》中的一幅雕版畫。這套書為重金打造，因為當時《唐吉訶德》已經被列入既定的正統文學，不再只是一本戲謔小說。

插畫的法蘭德斯語版本於 1662 年在布魯塞爾首度發行。1660 年之後，這本書開始有了更大眾化的讀者群。便宜的西班牙語版本愈來愈多，還借用海外版的雕版插畫，這些插圖常常都跟西班牙的現實生活沒什麼關係。在 18 世紀中葉之前，《唐吉訶德》通常都以普通紙張印成四開本的上下兩集。

在 18 世紀後半葉，英國出了一本豪華版的《唐吉訶德》，還附有一份賽凡提斯的生平，這本書的漫長出版旅程於是改變了方向。喬欽‧伊巴拉（Joaquín Ibarra）於 1780 年為西班牙皇家學院製作了一套分成四冊的西班牙語豪華版。在啟蒙時代，社會階級較低的讀者以及社會菁英都讀賽凡提斯。

《唐吉訶德》是許多插畫家靈感的泉源。法國諷刺漫畫家奧諾黑‧多米耶（Honoré Daumier，1808-79）製作了很大一套繪畫與素描，在 1850 年的巴黎沙龍中展出。古斯塔夫‧多雷（Gustave Doré）於 1863 年創作了另外一套素描，描繪唐吉訶德因為讀了太多羅曼史而發狂的過程。畢卡索也在將近一個世紀後跟進，他的鋼筆墨水素描成了最廣為人知的唐吉訶德肖像畫。

法國諷刺漫畫家奧諾黑‧多米耶晚年對唐吉訶德十分著迷，畫了很多以他為主題的素描與繪畫。他的肖像跟這位藝術家大部分的作品一樣，都很簡單直率。

死亡的藝術：教人如何死亡的書

「死亡的藝術」（ars moriendi）是宗教文學的一個主要文類。這些廣為流傳的佚名文稿有兩大版本，互有關連，通常以小開本出版，帶有便宜的木版插畫。有大約 5 萬本在 1501 年之前的「搖籃本」時期印製成書。這個文類在 15 世紀晚期與 16 世紀早期最為風行，從那時之後，它受歡迎的程度就逐漸下滑，

在這幅《死亡的藝術》插畫中，惡鬼折磨著垂死之人。其中一個高舉著一張罪孽清單，其餘的則是來討債的。

在這本 1460 年代的荷蘭文版《死亡藝術》中，惡魔用皇冠誘惑臨終者。他必須克服驕傲之罪才能獲得救贖。這本「木版書」以木版印刷，讓文字和圖像得以結合。

被伊拉斯莫斯的論文《死亡的準備》（De preparatione ad mortem，1534 年）所取代。最早的版本應該是在德國南部被寫成的，但有好幾百份「死亡的藝術」手稿以好幾種語言存留下來，此外還有一系列木版畫，既以印刷書的形式流轉，也能當作單張版畫，可以輕鬆釘在牆上。

　　在傳統的版本中，天使與魔鬼會爭奪垂死之人的靈魂。即將到來的最後審判是插畫家最愛的主題之一，充滿了威脅與酷刑，目的在於讓罪人心生恐懼。中世紀晚期的死亡品味造就了屍體與跳舞的骷髏等恐怖影像。好好死去的方法就是抗拒魔鬼的五個誘惑：失去信仰、絕望、不耐、驕傲與貪婪。基督徒也被慫恿要在還沒死之前立下遺囑，預備好慈善捐款、投資為他們的靈魂舉行的死後彌撒。臨終之際，最理想的狀態是要在家人與神職人員的圍繞下進行一場最後的告解並接受聖禮。如果一切順利，靈魂（有時是描繪成一個縮小版的人）就會被天使帶上天堂。如果不是，就等著下地獄被火燒或者進入煉獄。

寓意畫集

寓意畫集（emblem book）出現於 16 世紀，一直流行到 18 世紀。它由三個主要元素構成：首先是一個標誌或影像，例如一棵植物、一隻動物或一尊雕像；第二是一個座右銘；最後則是一段文字，解釋這個影像跟這個座右銘之間的關聯性。文字從寥寥幾行韻文到長達數頁的散文都有。其概念是要引出影像中的隱藏意義，闡明那些並非不言而喻的比喻與連結。

　　第一本寓意畫集在奧格斯堡出版，作者是米蘭的律師安德烈・阿爾奇亞托（Andrea Alciato，1492-1550）。書中有大約 100 首拉丁文的短詩，例如有關於魯特琴的，象徵義大利城邦需要的是和諧而不是戰事；也有關於櫟樹的，其力量反映著神聖羅馬帝國查理五世皇帝的力量。代表「寂靜」的圖像則是一個人文學家在書房裡工作。寓意畫集的作者們大肆採用希臘與羅馬書目中的範例，包括《伊索寓言》和普魯塔克的《希臘羅馬名人傳》。文字通常配有簡陋的木版插畫，但後來就有了雕版畫。在里昂，諸如波諾姆（Bonhomme）這樣

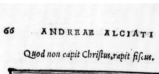

安德烈亞・阿爾奇亞托隱晦難解的《寓言畫冊》（Emblematum Liber）帶動了寓意畫集的風潮。第一個未經授權的版本於 1531 年在奧格斯堡出版。圖中這《寓言小畫冊》（Emblematum libellus）是後來在巴黎印製的。左頁上，一個國王用力擠壓海綿，就像他從子民身上收取稅金；右頁的母獅則是勇氣的象徵。

的出版社還製作了有裝飾性邊框的美麗版本。

於是就出現了一個新的文類，專精於各式各樣的
標誌與符號，可以被畫家與建築師再利用。鐮刀代表
死亡；寶劍與天平則代表正義。事實上，寓意畫集中
探討的圖像元素很多都早已是日常裝飾的一部分，可
以在家具與服裝、路牌與建築物的正面上看到。

寓意畫集源自中世紀的動物寓言集（解釋動物的
象徵地位）以及諺語和寓言。它們的主題有愛情，例
如荷蘭的丹尼爾・亨修斯的《愛情象徵》（Emblemata
amatoria，1606 年）；有宗教，例如法國的喬潔特
・蒙特內的《象徵，或稱基督座右銘》（Emblemes,
ou Devises chretiennes，1571 年）；也有政治，例如
德國的彼得・伊塞柏格的《政治象徵》（Emblemata
politica，1617 年）。耶穌會人士以寓意畫集來達到教
育目的，借用這個原本很世俗的文類來產生非常虔誠
的文章，讀起來就像在聽人說教。

上：喬潔特・蒙特內應該屬於喀爾
文教派，在她 1571 年左右以法文
於里昂出版的《象徵，或稱基督座
右銘》中，她將基督教帶進了寓意
畫集。在這幅插圖中，世界因為神
聖的福音書而起火燃燒。

左：相對之下，《愛情象徵》的主題
是世俗之愛。圖中這本書的插畫師為
荷蘭的廷臣與畫家奧圖・范・文恩
（Otto van Veen/Otto Vaenius），
於 1608 年在安特衛普出版。

3 啟蒙時代與閱讀大眾

18 世紀是法國的世紀，法文在這個時期取代了拉丁文，成為全世界知識階級的共通語言。法國啟蒙運動的文學作品和思想，具備了跨國影響力，而正是從這段史稱「理性時代」的時期開始，書籍的印製量逐步擴大。在 18 世紀後半，書籍成為西歐普遍的消費產品，西方世界識字率在 1750 年後顯著提升；一群為數可觀的城市閱讀大眾應運而生。

出版業和印刷業必須設法與審查制度以及當局的管控相抗衡，這一點在歐洲大陸尤為明顯，但業者靠著靈活手段，終究有辦法將出版物送達客戶的手中。到了 18 世紀末，原本以法律典籍和宗教經文為主的出版活動逐漸式微，而由娛樂性質的小說取而代之，成為西方都會閱讀市場的主流。這類聳動濫情、品味低俗，但英國作家似乎特別擅長的「哥德式」小說（Gothic novel），讓全歐洲書迷愛不釋手、引頸期盼。

至於在鄉間，民眾的閱讀習慣就比較傳統。小販沿街兜售的小書（chapbook）文學，滿足了鄉村讀者的想像空間，但宗教問答集和祈禱書仍是主要的精神食糧。不過，這幅平靜無波的書市景象，在 1789 年法國農民和城市居民攜手揭竿起義的那一刻，瞬間瓦解。原本形同虛設的審查制度，如今更蕩然無存。市場不受管控，出版業型態丕變，勇於冒險者趁機崛起，怯於改變者則是在自由市場的全新規則中慘遭淘汰。

巴黎卡納瓦雷博物館的佚名畫家石板畫。畫中顯示一名 19 世紀早期的印刷書商，正在接待衣冠楚楚的顧客。

西方社會的文字素養

文字素養，也就是讀寫能力，在 18 和 19 世紀的歐洲有許多不同的面向。有人能讀印刷體但看不懂飛舞的書寫體。有人看得懂《聖經》的哥德字體，卻對別的文字一竅不通。許多人在年輕時學會閱讀，卻因疏於練習而淡忘，再度成了文盲。根據官方數據，1750 年之後，西方社會能讀寫的人數就逐漸上升；到了 1890 年代，西歐、澳洲和美國終於達到了全民幾乎都能讀寫的階段。唯有在這個階段，才有真正所謂「閱讀大眾」的存在，推動書籍產業的革命性擴張。

　　不過，閱讀能力的提升並不穩定，時而中斷，且各地不一致。英國在 1800 年以前，六成男性和四成女性可以識字，同一時期，新英格蘭地區幾乎

在這幅法蘭斯瓦・維皮耶（Francois Vispre，1730-90）的畫作中，一名紳士輕鬆地半臥著閱讀賀拉斯（Horace）的《頌歌》（Odes）。這本拉丁經典著作是 18 世紀紳士養成教育的必備教材。

喬治·默蘭（George Morland，1763-1804）畫作《家居之樂》中的閱讀景象。這是由六幅畫組成的「喜樂系列」（Laetitia series）其中之一。

所有白人男性都已能夠閱讀，但閱讀行為僅集中在宗教典籍，因為日常生活中並沒有太多機會、也沒有必要使用讀寫能力。法國大革命前夕，法國有半數男性能夠閱讀，法國女性則有 27% 的人識字。而東歐地區，民眾識字比例遠低於此，直到 20 世紀當地的共產政權推行識字教育，才有所提升。路德教派的瑞典和芬蘭早在 18 世紀，識字率就已經達到很高的水準，但北歐人多數只能閱讀，而且看得懂的僅限於聖經和宗教問答書冊。瑞典人民的書寫能力是到了晚近，19 世紀的時候才逐漸普及。早期的冰島，則是近代西方世界中

的特例：冰島人透過牧師、農民教師等非正式教學人員，在沒有學校和圖書館，也缺乏印刷書籍的情況下，自力養成了普遍的讀寫能力。

文字素養與社會地位和城市化的程度有關。小鎮的識字率高於鄉下，大城市的識字率又高於小鎮。17世紀的商人、律師和貴族，識字比例通常達到75%到90%，但對一般勞動階層來說，識字與否似乎無關緊要，大約十個人當中只有一人能夠讀寫。正式教育在西方社會的讀寫能力進程中沒有關鍵性的影響力：譬如英國和法國，在19世紀就幾乎全民識字，遠早於免費小學義務教育的推行時間。有好幾個世紀，一般民眾都是透過家人、工作上的同事，或善心雇主的教導學會讀寫，而非透過學校教育。

男性和女性的讀寫能力始終有一段差距。許多女性能讀，卻從未跨越書寫的門檻：莎士比亞的女兒連自己的名字都不會簽，但這不代表她無法閱讀。多數歐洲社會的女性都被教導閱讀聖經和教義問答，但她們（就像美國南方黑奴）卻不被鼓勵學習寫字，因為書寫象徵某種程度的獨立，而獨立在當時是男性的特權。19世紀期間，教師和助理店員這類工作機會開始釋出給女性，助長了女性在閱讀之外也學習書寫的動機。到了1900年，西方女性的讀寫人口比例已經正式追上了男性的水準。

雖然歐洲邁向全民識字的歷程並不平順，但即使是文盲，也不至於對書籍陌生。許多讀者看書是用「聽」的，如法國大革命期間，在巴黎街角傾聽他人朗讀政治快報的民眾就是如此。17世紀早期晉升全愛爾蘭教會大主教的烏雪主教（Archbishop Ussher），小時候由兩個嬸嬸教他讀書，而這兩位自幼失明的嬸嬸，就是透過傾聽旁人朗讀聖經的方式，熟記典籍經文。在近代早期匈牙利，即使是只會用符號簽名的文盲也擁有書籍，因為他們會請識字的朋友或家人念書給他們聽。

這幅1826年的畫作中，兩位少女名叫席妮（Signe）和亨莉葉特（Henriette），是丹麥畫家康斯坦丁・漢森（Constantin Hansen）的姊妹。分享彼此的藏書，在當時中產階級年輕女性之間非常普遍。

印刷舖的演進

8 世紀末的書籍生產作業，比起古騰堡時代並沒有太大的變化。紙仍然是由合荒者撿來的布料處理後製成。墨水通常是用胡桃殼、樹脂，亞麻仁和松節油混合而成。活字通常是鉛製，因為鉛的熔點低，再加入銻，以增添硬度。活字排版在此時仍舊以手工進行，如果印刷工人早餐多喝了兩杯，或是排字工人要趕著交差，正確性可能就有待商榷。充分的校對作業在當時仍屬罕見。

印刷業者在排版時需要良好的光線，晒乾油墨時需要充足日照，而印刷之前，則是需要水源來濕潤紙張。在倫敦窄小的印刷工廠裡，印刷工人和排字工人通常都在樓上工作，因為上層的光線比較充足。紙張的貯存是個問題，隨時可能引發火災。傾倒的蠟燭加上閣樓裡成堆的紙張，後果往往一發不可收拾。印刷工廠最怕失火，像是 1752 年那場火災，就把山謬爾‧理察森（Samuel Richardson，英國作家兼印刷廠老闆）的店舖燒個精光。

印刷工人的薪資是根據他們印出來的張數來計算的。一般的產量大概在每小時 250 張左右，也就是一天工作 10 小時下來約 2500 張。雖然印刷廠的

加入印刷公會被視為一項榮耀，但成員有排外的傾向。這幅 1733 年的公會匾額版畫，就是一名雷根斯堡（Regensburg）印刷業者以族譜樹狀圖來展示他的家世淵源。

工人收入相對優渥，但工作來源卻很不穩定。以倫敦來說，冬天和夏天都有淡季，因為兩大主要客戶：議會和法庭，在這段時間休會和休庭。印刷業者沒有固定的工作時間，為了印書，他們可能會在假日上班，但也可能照常放假，就看業者如何決定。他們很少有積蓄，生病或是老年都只能仰賴公共慈善機構的照顧。

印刷業是一個成員關係緊密的自治群體。就向任何專業領域的專家一樣，他們也有自己的行規與行話。拉動印刷機的工人，叫「馬」（法國稱為「熊」），排字工人叫「猴」，旁邊打雜的男孩則是「小鬼」。工人隸屬於各自的「會所」（chapel），若有打架、酗酒，或言行失當，均須繳交罰款給會所基金。

出版業仍舊是依循公會制度在運作。倫敦的出版業公會（Stationer's Company）是倫敦市區遊行隊伍的成員之一，每逢節慶都會穿著暗紅或藍褐色彩裝，沿街遊行，或是乘坐公會的畫舫沿泰晤士河而下。在法國，「公團」（Le Corps）或稱「書商印刷業協會」(La Communaute de la Librairie et de l'Imprimerie) 相當於英國的公會，他們會籌辦莊嚴的彌撒儀式和筵席，紀念印刷業的守護聖者傳道人約翰（John the Evangelist），也會替新進成員舉行入會儀式。法國的印刷公會肩負稽查印刷廠、確保印刷品質，以及防堵違禁品闖關的責任。這是一個享有特權的族群，書籍銷售所得可以獲得免稅優惠。

雖然歷史悠久，但出版業仍持續不斷地演進，到了 1800 年，印刷公會已無力阻止新興業者的殺價競爭。不受管制的廉價勞力，破壞了講究資歷輩分，由師傅、老手，和學徒組成的嚴謹架構。公元 1800 年後，機械化開始威脅人力，古老的企業架構難敵外力衝擊，印刷產業面臨了現代化的痛苦轉型。

Habit d'Imprimeur en Lettres.

A Paris, Chez N. de Lâbemessin, Rue St Jacques, à la Pome d'ôr.

上：法國諷刺漫畫，尼可拉斯‧德拉梅森（Nicolas de Lamessin）大約 1680 年完成的作品，標題為「書籍印刷業者的行頭」。印刷業的設備從古騰堡以來幾乎未曾改變。

左：身兼書商、印刷業者和出版商的湯瑪斯‧金內斯比（Thomas Kinnersby）的商業名片。名片地址在聖保羅教堂廣場一家造紙廠，這座廣場是 18 世紀倫敦印刷業的大本營。卡片附有裝飾裱框，除了註明金內斯比的地址，還寫上了他銷售的各項產品。

啟蒙時代的審查制度

歷史上的審查制度，何曾真正發揮作用？法國啟蒙運動期間，舊制度（ancien régime）徒勞無功地想要封住批判者的嘴，阻止鼓吹反動的文字作品在外流傳。當局除了僱用一批審查人員，還暗地派出稽查人員到書店檢查有無販售禁書。但就算是這些稽查單位的主管也心知肚明，任何禁書終究會找到出版的管道。

雖然某些知名作家確實受到制度打壓，但往往遭到當局迫害反而是個人作品的最佳宣傳。伏爾泰（Voltaire，1694-1778）被判刑後在 1711 年和 1726年兩度入獄；盧梭（Jean-Jacques Rousseau，1712-78）的《愛彌兒》在 1762年出版後，巴黎最高法院也下令將他逮捕。但真正受害最深的是印刷業者和書商──這兩種人被關在巴士底監獄的人數，是作家的兩倍。當革命群眾在

印刷業者和作家一樣，都可能受到審查人員的查緝，甚至沒收機具。圖中場景為 19 世紀期刊《時報》（Le Temps）的印刷廠人員被緝捕訊問，旁邊小桌旁的書記人員正在記錄訊問過程。

1789 年 7 月 14 日攻進巴士底監獄時，發現堆放了大量違禁書刊準備要銷毀，審查制度顯然無力壓制風起雲湧的反抗聲浪。

法國皇帝最頭痛的問題之一，是法國作者可以輕易在瑞士、英國或荷蘭出版他們的爭議性著作。例如孟德斯鳩的《論法的精神》（De l'esprit des lois），就在 1748 年於日內瓦出版。版權頁上的出版資訊往往不是真的，如德尼・狄德羅（Denis Diderot）的《哲學沉思》（Pensées philosophiques，1746）沒有標示作者姓名，書名頁寫著「海牙」，事實上卻是在巴黎印行。官方禁止出版只是傷害了法國出版業，讓境外同行坐收漁利，禁書仍舊照常流通上市。

另一個問題是主事者本身也不積極執行出版的打壓查緝。在馬勒瑟貝（Malesherbes）相對開放的出版業管理政策下（1750-63），許多出版品獲得「默許執照」，這是指書籍雖未獲得王室「特許」印行，但當局也承諾不會針對作者、印刷廠和書商採取法律行動。換句話說，就是朝廷睜一隻眼閉一隻眼。

事實上，許多作者與當權者的關係都相當友好。伏爾泰自己就在 1745 年，被路易十五指派為宮廷史官和貼身顧問（Gentleman of the Royal Bedchamber）。帝王的垂青足以讓作家一生受用不盡，狄德羅就因為俄國凱薩琳二世女王買下了他所有著作論文，進帳 6 萬里弗爾（livre，法國舊貨幣單位），得以一夕洗刷債務，也順道安頓了晚年。即使沒有這樣的際遇，作家也可以擔任王室出版審查人員，雖然不支薪，但服務 20 年後有很大機會可以領到朝廷給的養老金。革命前夕的法國有 178 名審查員，其中不乏文壇名人，如哲學家康底拉克（Étienne Bonnot de Condillac）。

拿破崙統治期間，法蘭西帝國的出版業再度受到箝制。1811 年，巴黎印刷舖家數被限縮到 80 家，發照嚴格控管，報紙數量也只剩下四家。所有新書都必須登記批准，才可印行。印刷廠和報社愈少，當權者愈容易監控出版內容。

1829 年湯瑪斯・麥克林（Thomas MacLean）的諷刺漫畫，描繪出版自由所賦予的權力。標題為「鞭策眾人之人」。

禁書

禁書在法國很搶手，但價格不便宜。巴黎富人艾德蒙－尚－法蘭斯瓦‧巴比耶（Edmond-Jean-François Barbier，1689-1771）曾在他的日記裡寫道，法蘭斯瓦－文森‧杜桑（François-Vincent Toussaint）的《禮貌》（Les Moeurs）1748 年遭禁，讓他很不開心，因為這代表他得付兩倍的價錢才買得到這本書。

一個組織嚴密的地下交易網路，確保了禁書和色情刊物可以從瑞士印刷中心運抵法國。趕騾人穿越侏羅山脈，把貨物送交邊界另一邊的商人。商人賄賂邊境關員，把禁書運到某個外圍行省，如特華（Troyes）或是里昂的倉庫。接著這些書被賣給地方書商，或是小量走私到主要的消費中心。其中最萬無一失的走私管道，就是上層貴族的行李箱，這些行李絕對不會被搜查。凡爾賽宮廷顯要因此也在當年的禁書運銷網路中，被動扮演了重要角色。為了打通關節，這些輾轉多手才從瑞士送達凡爾賽宮的禁書，價格先上漲 25%，到了巴黎又再翻倍。霍爾巴哈男爵（Baron d'Holbach）所著的《自然的體系》（Le Système de la nature，1770）原本售價 4 里弗爾，到了巴黎竟喊價 10 里弗爾。整個地下書市與檯面上合法的出版業是同時存在，平行運作，利潤驚人。

伏爾泰是禁書暢銷榜上的前十名，但這份地下榜單上，還有其他許多名氣沒那麼響亮，現已為人淡忘的作家。在革命前的巴黎，拿宮廷荒淫、國王無能，還有瑪莉皇后雙性戀傳聞做文章的諷刺作品，原本就有既定的市場。這些毀謗刊物（chronique scandaleuse）的內容混雜政治嘲諷與低俗色情，當局試圖加以查扣卻難以禁絕。在低級小報和高級知識分子的交互攻訐之下，君權神授的權力基礎已被侵蝕始盡。

1791 年的法國版畫〈奧地利母雞〉以瑪麗皇后為諷刺的對象。標題寫著「金銀珠寶大口吃，唯有憲法難下嚥」。法國大革命後，小冊刊物蔚為風潮。

LA POULLE D'AUTRYCHE,

Je digere l'or l'argent avec facilité mais la constitution je ne puis l'avaler

追求利潤

以舊制度末期在瑞士紐沙提勒（Neuchatel）印刷的霍爾巴哈男爵（Baron d'Holbach）《自然的體系》（Le Système de la nature，1770）為例，所有製作預算中，紙張占了極大的比例。八開版面一次印刷 1670 本，紙的成本就占了 63%。另外排字成本占 16%，印刷成本占 20%。但若以每本 4 里弗爾的零售價銷售一空來計算，出版商的獲利將高達 170%。這也是為何 18 世紀的讀者對於書籍紙張品質很敏感，因為出版商非常有可能為了壓低成本而降低用紙品質。

法國的出版社並不是用版稅的方式付錢給作者，也就是說，他們不是按照銷量來給付稿酬，而是採一次買斷方式。盧梭最暢銷的小說《新愛洛伊絲》（La Nouvelle Héloïse）當初賣給阿姆斯特丹出版商雷伊（Rey），就只拿到 2160 里弗爾。1764 年初版上市後，後續重印的版次他都沒有拿到一毛錢，而且接下來同樣賣給雷伊的《社會契約論》（Du Contrat social）給付的稿酬更少。由於缺乏版稅制度和著作權法，作家完全不可能靠著寫作致富。

出版業者並不期待第一版就大發利市，他們寄望的是再版可以暢銷，賺得的收入就能攤提所有最初投入的成本。因此每次印行的數量都不多，新出

1889 年的插畫顯示三名女子正分別閱讀一本小說的上中下三集：第一集平靜開場，第二集揭露不可告人的祕密，第三集感人大結局。書籍的來源，可能是向流動書商租借而來。

版的小說很少一次印刷超過 1000 本。

當時有一種租書店（cabinets de lecture），讓讀者以低廉費用按小時租書閱覽，可以視為現代圖書館的前身。由於租書店是可靠的書市客戶，出版商因而趁機將大眾化小說包裝成三本販售，讓租書店老闆可以將同一部小說的上、中、下集，分別借給多位讀者閱覽。這就是「三冊」（three-decker）小說的由來。此一出版模式讓出版商享有穩定營收，但也等於人為拉抬書價。以英國來說，三冊小說的出現，使得書籍價格在 1790 年代到 1840 年間暴增為 3 倍。

採預先訂閱的方式賣書，對謹慎

一本採訂閱方式販售的新書內容試閱本。這種出版方式可以讓出版商先試市場水溫；以高價書而言，更可以預收一筆錢來投入印刷製作。

的出版商來說有幾個好處。出版前的預購募集階段可以測試市場反應。如果預購者不多，就取消出版，免於損失。若是有興趣的讀者達到一定數量，則逕行出版，同時可以清楚掌握印刷數量，確保獲利。這種模式也代表出版商可以直接賣給客戶，不必經由書店。由於訂閱者是逐冊預付訂金，缺乏資金的出版業者每印行一冊，就能得到一定數額營收。但如果計畫生變，資金不足，業者往往乾脆放棄出版，導致訂閱顧客拿不到書。在 1820 和 1830 年代，就有不少伏爾泰的訂戶書架上擺著他未完待續的作品，淪為這一類受害者。

18 世紀的書非常昂貴。拜倫的《哈洛德遊記》（Childe Harold's Pilgrimage）在 1812 年出版時，皮面裝訂的版本要價，完全不是一名資深工匠所能負擔。如果是神職人員，可能要拿出年收入的不小的一部分，如果是幫傭女僕，則要花六週薪水才能買到這一本拜倫詩集。即使本身從事公職，領有稅務官優渥薪資的名詩人威廉渥茲華斯，想要花錢買自己的著作恐怕也有點困難。

在 19 世紀初期數十年間，印刷規模隨著紙型鉛版（stereotype）的問世而擴大。在過去，書籍每次改版都必須重排鉛字。但有了紙型鉛版，每一頁的活字排版都澆鑄成為金屬板模，可無限次重複使用，不斷加印舊版圖書。

萊尼爾·汶柯萊斯（Reinier Vinkeles）的雕版畫，描繪18世紀一家荷蘭書店裡裝訂師傅工作的情形。當時的書籍多半以未裝訂形式販售，客戶可以自己挑選喜好的裝訂方式。

印刷業者發現這麼一來，重印暢銷著作可以帶來更多獲利、同一本書重印時可以裝訂成不同型式，而且金屬板模還可出售或出租給其他印刷廠。

紙型鉛版的發明，讓重印從前已經退流行的著作，變成利潤可觀的一門生意。倫敦有一群出版商專門重製昔日著作，賣給書市中的低階消費者，形成一種市場現象：一般讀者看的不是當代時興的浪漫主義作家的作品，而是喬叟、密爾頓、波普、斯賓塞（Spenser）、狄福（Defoe）、高德史密斯（Goldsmith）這些人的「經典名著」。書市自此一分為二，高端消費讀者渴求高價、新鮮的創作，經濟能力較差的讀者則是購買低價、啟蒙時代以前的古典好書。

狄德羅的《百科全書》

《百科全書》（Encyclopédie）是 18 世紀最大型的出版計畫之一，主事者是狄德羅（1713-84）以及達朗貝爾（Jean d'Alembert，1717-83）。它在超過 20 年的期間內，養活了數千名作家、印刷業者和排字工人。1751 年，《百科全書》以 17 冊對開本上市，接著又出版了 11 冊更豪華的雕版圖冊。寫作過程集結 150 名歐洲智識菁英，其中盧梭貢獻了約 400 篇文章，多數是有關音樂且未拿稿費。伏爾泰寫了 40 篇，狄德羅自己則撰寫超過 5000 篇內容，尤其在哲學、藝術、製造工業等領域篇幅最多。

法國作家狄德羅畫像，畫家路易－米歇·馮盧（Louis-Michel van Loo）1767 年的作品。狄德羅的寫作看似毫不費力，但實際上他為了製作《百科全書》卻是殫精竭慮。這本書是法國啟蒙時代的標誌性著作。

　　《百科全書》不只是一套百科全書：它是理性思考的公開宣言，更是啟蒙時代的社會批判。它的目的，是散佈有關科學發明以及應用藝術的最新知識，讓受過教育的讀者了解新觀念和新技術。《百科全書》批判社會偏見和傳統價值，放大檢驗社會制度和政治機構，鼓吹自由經濟政策、終結王室獨占事業。它同時也對聖經的歷史真實性、奇蹟與耶穌復活的真偽，以及神職人員的守貞戒律提出質疑。它對寄生蟲般的貴族階級嚴加撻伐，對個人財產權則倡言保護，以鞏固社會根基。1752 年，《百科全書》第二冊出版時，王室下令查禁，但編輯群不為所動，在國王親信如龐巴度夫人（Madame de Pompadour）等人的默許下，持續出版計畫。

　　在出版後的前 20 年內，《百科全書》對開版本賣出了 4000 套，

利潤達到 200 萬里弗爾，以如此大部頭的出版品來說，相當不簡單，但接著推出的縮小版低價本，更讓這套巨作進一步流傳於歐洲知識階層間。1777 到 1779 年間，36 冊的四開本出現在瑞士，訂閱價 384 里弗爾，降到了半價以下。洛桑與柏恩（Lausanne and Bern）在 1778 到 1782 年間推出的 16 開本，共 39 冊，刪掉了大多數成本高昂的雕版印刷內容，紙張也換成了次級品。這個版本製作倉促，許多讀者後來都抱怨書頁上有指紋，排版錯誤不勝枚舉。但無論如何，價格又降到了 225 里弗爾，不到原本對開版本的四分之一。

如果把 18 世紀的各種版本數量加起來，狄德羅的《百科全書》總共賣出約 2 萬 5000 套，讀者遍及歐洲各大城市的中產階級，法國神職人員和貴族也掏錢買單——而這些人正是即將在大革命中被推翻的特權階級。此書在荷蘭和萊茵蘭

上：龐巴度夫人（1721-1764）曾是路易十五最鍾愛的情婦，而且她非常支持啓蒙運動的知識分子。在這幅莫希斯孔丹德拉圖爾（Maurice Quentin de La Tour）的肖像畫中，龐巴度夫人手拿試閱本，身旁擺有數冊《百科全書》。

左：《百科全書》第一版對開本 17 冊中的第一冊，在 1751 年問世，附帶精美雕版圖片印刷。後來的版本捨去雕版印刷，改用小開本，目的是打入歐洲大眾市場。

兩地非常暢銷。1758 到 1776 年間在義大利出版的路卡（Lucca）對開本，賣出約 3000 套，接著推出的利佛諾（Livorno）版本又賣了 1500 套，此版本的印行原本遭教皇阻撓，多虧托斯卡尼大公雷歐波德（Leopold）介入，才得以上市。《百科全書》可說是全歐洲的暢銷書。

第一版《百科全書》裡，一幅解說印刷過程和字型的插畫。

製書技藝

18 世紀末，各類書籍都銷售暢旺。除了愈來愈受歡迎的娛樂小說，裝訂高雅做工精緻的古典名著，也進占書市。出版業逐漸偏好採用順暢的版面設計，揚棄過度誇飾的巴洛克風格。更清晰的新字體也被開發出來，字體日趨圓潤和細長。註解的數量減少，讓出更多空間給頁邊留白。

　　新字型設計的先驅者是約翰・貝斯克維爾（John Baskerville，1706-75），一名英國印刷和漆裝業者。他的漆裝生意獲利豐厚，讓他可以投入真正熱愛的鉛字澆鑄、油墨生產，以及造紙生意，發揮他早期擔任書法老師和墓碑刻字師傅的專長。從 1750 年開始，他設計出一種比過去字型——尤其是 18 世紀知名字型設計師威廉・卡斯隆（William Caslon）的字型——更簡潔的新字體，粗細比劃的對比更強烈。他也研究出幾種讓油墨更黑、乾燥更快的方法，並和造紙業者詹姆斯・華茲曼（James Whatsman）合作，研發出一種平滑紙張的製作技術，使用細紗網來生產紙張，不會留下紙模紋路，也就

約翰・貝斯克維爾的四開版魏吉爾史詩《伊尼亞德》（Aeneid），1757 年於伯明罕印刷。貝克斯維爾研發出深黑油墨和清晰字體，首創對比分明、大量留白的印刷風格。

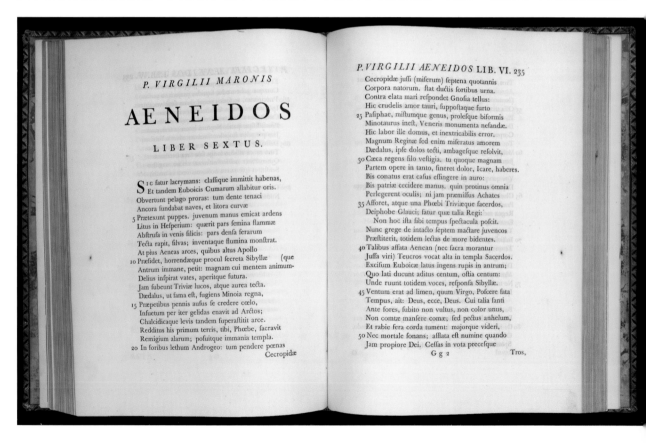

是所謂的「網目紙」（wove paper）。

1757 年，貝斯克維爾用網目紙和自己設計的字型，出版了一套四開的魏吉爾全集，耗時三年才完成，卻也引發極大迴響，讓他在 1758 年獲選為劍橋大學的指定印刷廠。在大學的贊助下，貝斯克維爾於 1763 年出版了畢生傑作，一本對開版《聖經》，但卻遭到印刷圈人士批評編排太過素淨，紙張太過光亮，書價也過於昂貴，只有蒐藏家才負擔得起。貝斯克維爾最後死於貧困，在英國不受後人重視，但他的發明仍舊影響了其他歐洲印刷業者，例如狄多（Didot）家族。

狄多家族第一個闖出名號的成員是法蘭斯瓦‧狄多（François Didot，1689-1757），他在 1713 年於巴黎左岸的大奧古斯汀碼頭（Quai des Grands-Augustins）開了一家名為「金色聖經」的書店。他的兒子法蘭斯－安布亞‧狄多（François-Ambroise Didot，1730-1804）改良了單動式印刷機和網目紙，後者在法國被稱為「皮紙」（papier vélin）（據說網目紙從英國流傳到法國出版業，要歸功出身印刷商人的班傑明‧富蘭克林，因為富蘭克林擔任美國第一任駐法大使時，就是派駐巴黎。）法蘭斯瓦安布亞自行設計字體，還訂立了狄多字型點制系統，一直沿用至今。在路易十六國王親弟阿托瓦公爵（Count of Artois）的贊助下，他出版了 64 冊法國小說全集，以及內容浩瀚的法國經典系列，用於年輕王儲的養成教育。法蘭斯瓦安布亞的兒子皮耶（Pierre，1760-1853）在 1798 年的工業展覽上，因為一套魏吉爾全集榮獲金質獎章，還被賜予羅浮宮舊王室印刷處內一間寓所。他

這本賀拉斯的《頌歌》，是狄多印刷世家兩名第二代合作的成果：印刷由皮耶狄多主導，字體則是他的弟弟費爾曼所設計。法國政府 1798 年公開表彰這對兄弟。

QUINTI
HORATII FLACCI
CARMINUM
LIBER PRIMUS.

ODE I.

AD MAECENATEM.

Maecenas, atavis edite regibus,
O et præsidium et dulce decus meum!
Sunt quos curriculo pulverem Olympicum
Conlegisse iuvat; metaque fervidis
Evitata rotis, palmaque nobilis,
Terrarum dominos evehit ad Deos:
Hunc, si mobilium turba Quiritium
Certat tergeminis tollere honoribus;

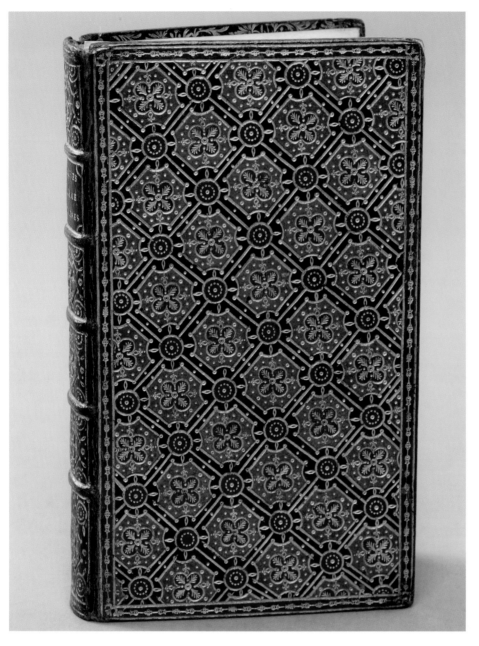

裝訂師傅尼可拉‧丹尼‧德洪
（Nicolas Denis Derome）——綽
號「少年仔」（Le Jeune）——自
創花邊紋飾，風格高雅精緻。

後來出版了圖文華麗的賀拉斯和拉辛（Racine）作品集，採用另一位狄多家族
成員，也就是他弟弟費爾曼（Firmin，1764-1836）所設計的字型。

　　新的裝訂風格也在此一時期出現。由不同顏色的皮革編織而成的「馬賽
克」風格，非常受歡迎；所謂的「花邊」（dentelle），則是在封面的四周添
加葉狀裝飾圖案。拿破崙 1798 年遠征埃及之後，裝訂設計轉而追隨新古典風
潮，或是埃及風味的圖案。

羅馬字體與歌德字體

文藝復興時期，以羅馬時代的字體為基礎、樣式簡單高雅的字型開始出現，其中包括蓋哈蒙（Claude Garamond）1543 年所設計的「大羅馬」（gros main）字型，以及荷貝‧埃斯提安（Robert Estienne）使用的「西塞羅」（Cicero）字型。這些文藝復興時期的字體，經過改良修飾，至今仍然持續延用，像是文書軟體中常見的「泰晤士新羅馬」（Times New Roman），原始字型就是 16 世紀出版商克里斯多夫‧普朗坦（Christopher Plantin）的同事荷貝‧葛蘭庸（Robert Granjon）所設計。類似的例子還有改良自阿爾杜斯‧馬努提烏斯（Aldus Manutius）羅馬字型的「古體」（Antiqua），和改良自「大羅馬」字型的「蓋哈蒙體」（Garamond）。不過，哥德體仍然持續沿用了好幾個世紀，尤其是在歐洲的德語區和北歐地區。馬丁路德為了讓一般大眾能夠接受

克勞德‧蓋哈蒙所設計的流暢羅馬風字體，在 1540 年代被法國法院採用，影響遍及歐洲各地。蓋哈蒙師法的對象，可能是威尼斯印刷業者阿爾杜斯‧馬努提烏斯。

他的理念，當初就使用了哥德體印製文宣。出版品採行哥德字體或羅馬字體，端視文章的性質以及目標讀者的社會階級而定。

　　舉例來說，瑞典的出版業直到19世紀仍然大量使用哥德字體於宗教文獻。瑞典印刷業者從引進印刷術之初就一直使用哥德體，只在引用法文或英文字句的時候改用羅馬字體。哥德字和羅馬字的區分，往往界定了讀者屬於那個族群和社會階級。低階閱讀人口最常接觸的宗教問答集都以哥德體印製；反之，資產階級愛看的小說、傳記、科學類出版品，則是以羅馬字體印刷。1739年，瑞典皇家學院成立時，所有的文獻報告都規定要使用羅馬字型，以符合國際科學界的慣例。因此，瑞典印刷業使用兩套體系，一套系統專門出版哥德體書刊，另一套則處理羅馬字體文獻，依照市場取向來決定使用哪一套。一直要到19世紀，瑞典書籍才完全轉為羅馬字體，停用哥德體，其中的關鍵在於教育。1878年的小學課本中，只有5%仍然採用哥德體。

下左：18世紀中期，卡爾·林奈（Carl Linnaeus）著作《自然系統》（System of Nature）的瑞典版扉頁。科學著作出版時通常偏好使用羅馬字體。

下右：歐洲德語區習慣使用哥德字體。德國作家埃里希·雷馬克的《西線無戰事》原文第一版，就是使用哥德體印刷。深植人心的英文版書名（All Quiet on the Western Front），是出自譯者亞瑟·魏斯里·魏恩（Arthur Wesley Wheen）之手筆。

CAROLI LINNÆI
EQUITIS DE STELLA POLARI,
ARCHIATRI REGII, MED. & BOTAN. PROFESS. UPSAL.;
ACAD. UPSAL. HOLMENS. PETROPOL. BEROL. IMPER.
LOND. MONSPEL. TOLOS. FLORENT. SOC.

SYSTEMA
NATURÆ
PER
REGNA TRIA NATURÆ,
SECUNDUM
CLASSES, ORDINES,
GENERA, SPECIES,
CUM
CHARACTERIBUS, DIFFERENTIIS.
SYNONYMIS, LOCIS.

TOMUS I.

EDITIO DECIMA, REFORMATA.

Cum Privilegio S:æ R:æ M:tis Sveciæ.

HOLMIÆ,
IMPENSIS DIRECT. LAURENTII SALVII,
1758.

ERICH MARIA REMARQUE

Im Westen nichts Neues

Remarques Buch ist das Denkmal unseres unbekannten Soldaten Von allen Toten geschrieben

Walter von Molo

法國知名報紙《世界報》的報頭使用哥德體，傳達歷史悠久、優良傳統的意味。

在德國，傳統哥德體與現代羅馬體間的字型之爭在 20 世紀前半仍持續不斷。第一次世界大戰前甚至還鬧上德國國會，最後沒有結論，因為這個議題已經升高到國家認同的層次。德國出版業將這兩種字型稱為斷折體（Fraktur，亦即哥德體）和古體（Antiqua，亦即羅馬字體）。包浩斯（Bauhaus）藝術設計學校提倡使用古體，認為羅馬古體才是現代化的象徵，就像文藝復興學者從古羅馬汲取靈感一樣。對這派人士來說，採用斷折體將使德國孤立於國際知識領域之外，但傳統派認為斷折體才是純正「德國」字型，因為近代早期最初的方言文獻就是使用斷折體，粗黑的字體線條也比較容易閱讀。

1928 年時，57% 的德國書刊是以斷折體排版。甚至埃里希·雷馬克（Erich Maria Remarque）的《西線無戰事》（Im Westen nichts Neues，1929）都是以斷折體印行初版。1933 年，第三帝國宣布斷折體是所有官方文件的公定字體，包括教科書。同一年，納粹當局關閉了包浩斯學校。但在 1941 年，帝國總理府卻出乎意料政策逆轉，宣布斷折體是猶太裔報社老闆推行的字體，汙染了純正日耳曼文化，必須予以鏟除。從此斷折體就逐漸從出版物上消失，只在第二次世界大戰後一度短暫流行。

哥德體在今天依舊存在，主要做為裝飾性字型，傳達一種優越、莊重、古老的意味。報紙的報頭常採用哥德體，如《華盛頓郵報》、《世界報》、《雪梨先鋒報》等。這是承襲早期報紙的傳統，因為在報紙最初興起的那個年代，哥德體仍是標準的公告字體。許多大學的證書上也常見哥德字型，象徵歷史傳統，代表它們是起源於中世紀的學術殿堂。

著作權之爭

英格蘭和蘇格蘭地區的作者，是最早受惠於近代著作權保護的一群人，對自己的創作享有一定程度的智慧財產所有權。18世紀英國作家享有的收入，在歐洲屬一屬二。智慧財產權的歸屬，是許多作家歷年在法庭上努力爭取而來的，因為出版商也不願輕易讓出傳統上屬於他們的既得利益。

　　1710年在英格蘭和蘇格蘭開始實施的「安妮法案」（Statue of Anne），首度承認作者（而非出版商）擁有智慧財產權，並認定此一權利在著作行為發生時就已存在。1710年的條文將出版商對新書的獨家版權，限縮在14年，最多可以再延長14年。若是已在印行中的書籍，獨家版權則延長到21年。但法令上路是一回事，要改變根深蒂固的出版界積習又是另一回事。1710年的著作權法在實務上的效力，一直要到法院的判決出爐，才真正確立。1774年，相當於英國最高上訴法院的上議院，支持愛丁堡法院在唐納森控告貝基特（Donaldson vs. Beckett）一案中的判決，確認出版業者原本享有的無限期版權，是違法的。在這次判決後，大量文獻書籍被納入公共領域，舊的文獻著作可由任何人印

丹尼爾狄福的《魯賓遜漂流記》卷首插畫。這本書在各地都成為暢銷書。經常被翻譯、模仿，以及節略供學校教學之用。

刷出版，倫敦印刷界原本封閉自利的公會心態，被完全打破。雖然出版業故意拉高新書訂價，意圖反制，但產業型態已然不變，低價的重印本傾巢而出，印刷量逐步擴大，各式各樣的選集與節略版本也紛紛上架。在18世紀的最後25年當中，英國書市的年產量增加了四倍之多。出版解禁後的五年內，狄福的《魯賓遜漂流記》（Robinson Crusoe）賣出的數量，超過了該書在1719年問世後60年間的總銷量。

　　1814年的著作權法案，做出了比安妮法案更大的立法變革，把初次印行後28年內的出版權利，全都賦予作者，而非出版業者。1842年，作者擁有

的著作權又被延長到有生之年加上死後七年內，或是出版之後的 42 年內。不
過其他國家沒有義務要遵守英國的著作權法，因此美國的出版商可以任意重
印英國暢銷書，不需要考慮作者的權利。有一段時期，許多歐洲著作在美國
比在歐洲本地還要容易買到。而英國當然也以同樣方式回報，自行印刷了許
多美國文學傑作，像是畢區·史陶（Beecher Stowe）的《湯姆叔叔的小屋》
（Uncle Tom's Cabin），還有亨利·魏茲華茲·隆斐勒（Henry Wadsworth
Longfellow）的詩集。美國直到 1891 年才簽署國際著作權協議。國際上缺乏
版權概念，讓作者很難保護自己的作品不被盜版、竊用，這種情形一直要到
1886 年，伯恩國際著作權公約正式生效，才有所改善。

AN AUTHOR & BOOKSELLER

在這幅手工上色的版畫中，英國幽
默畫家湯瑪斯·羅蘭森（Thomas
Rowlandson）描繪一名作家拿著手
稿向書商極力推銷。畫中書商的體
型顯然是養尊處優，相形之下作家
似乎三餐不繼。

暢銷全球的《天路歷程》

《天路歷程》（The Pilgrim's Progress）是約翰‧班揚（John Bunyan，1628-88）所寫的一本寓言小說，也是新教各宗派典籍中最為人熟悉的一本。對非英國國教的新教徒來說，這本書的重要性僅次於《聖經》。首次出版於 1678 年和 1684 年，分上下卷，這本書的起源與 17 世紀的激進反國教思潮相關。到了 19 世紀，《天路歷程》成為跨大西洋和非洲地區的暢銷書，在世界各地大受歡迎，終於在 19 世紀末「反攻」英格蘭，被納入英語文學經典之列。

　　《天路歷程》敘述主角「基督徒」接受試煉的故事，他歷經誘惑、絕望等精神打擊，在卸下罪惡的重擔之後，終於抵達天城，與上帝連結。寓言中的神學意涵清楚易懂，搭配淺顯插畫，相當於替代版的《聖經》，在教化信徒，尤其是鼓勵皈依方面，發揮了很大作用。許多傳教士會把這本書與《聖經》章節裝訂在一起，造成非洲人以為這本書是白人的符咒，具有神力，例如在 1830 年代，馬達加斯加當地就流行人手一冊《天路歷程》，雖然有些人根本就看不懂。

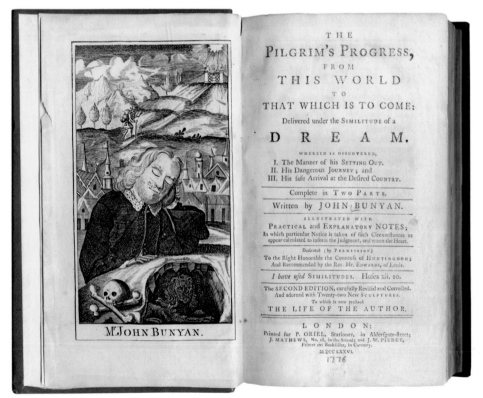

約翰‧班揚的著作《天路歷程》1776 年倫敦版。扉頁圖片顯示作者墜入夢鄉，夢到一塊誘惑之地，主角「基督徒」必須涉險而過。這本書在基督教教義的推廣上，成就僅次於《聖經》。

倫敦傳教士協會贊助出版的非洲版
《天路歷程》。書中插畫顯示黑人
基督徒正準備踏上旅程。班揚的這
本小說在世界各地有各種改編版本。

　　《天路歷程》被翻譯成兩百種語言。1681 年在荷蘭、1703 年在德國、
1727 年在瑞典出版。最早的北美版本在 1681 年問世。殖民統治期間，非洲有
超過 80 種不同語言版本，間接強化了不列顛帝國的文化疆界範疇。除此之外，
東亞有 24 種翻譯版本，東南亞有 24 種、澳洲和大洋洲也有 11 種語言版本。

　　《天路歷程》的非歐語系翻譯本，往往是傳教士與改信基督教的年輕教
徒反覆討論的結果，這些年輕教徒又被稱做「翻譯童」（language boy）。
書中的內容往往不容易直接轉譯成非洲文化背景，舉例來說，剛果的凱勒族
（Kele）新教徒就略去了書中解釋基督教原罪的章節，因為這些說法不符合
當地文化概念。為了讓歐洲地區以外的讀者也能理解和共鳴，部分情節經過
修改，像是非洲版的角色換成了黑人，東開普（Eastern Cape）的非洲菁英以

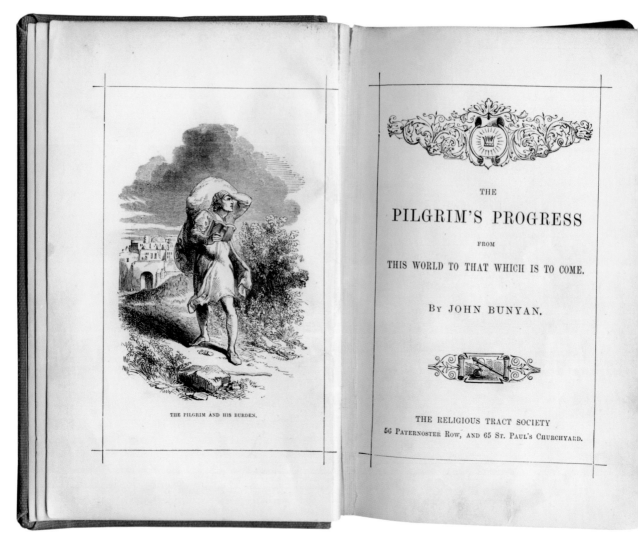

THE PILGRIM AND HIS BURDEN.

THE

PILGRIM'S PROGRESS

FROM

THIS WORLD TO THAT WHICH IS TO COME.

BY JOHN BUNYAN.

THE RELIGIOUS TRACT SOCIETY
56 PATERNOSTER ROW, AND 65 ST. PAUL'S CHURCHYARD.

《天路歷程》解釋種族隔離抗爭運動，而從美國南方黑人浸信會的觀點來看，書中主角基督徒不只是從罪惡中獲得救贖，也是從奴隸制度中解放出來。

　　在英語世界，這本書經常被切割成許多獨立情節，畫成明信片、大型壁報，或融入講道內容、製作成幻燈秀。19 世紀末與 20 世紀初，宗教書社（Religious Tract Society）將《天路歷程》重新包裝為章回連載、主日學獎品，和低價的節略版。市面上可以見到班揚故事拼圖，甚至有虔誠的信徒把自家花園精心布置成班揚主題公園。

　　班揚的跨國暢銷名著在世界各地發揮了不同作用、出現了各種版本。但一直到 20 世紀初，他的成就才被自己的祖國承認：西敏寺在 1912 年裝設了一面彩色玻璃來紀念他。

宗教書社出版的《天路歷程》
1799 年成立的宗教書社，是一家□型基督教出版社，出版各種書籍□小本子，目標對象是年輕讀者。

小書

低價、無署名的小書，是買不起一般書籍的下層民眾最常閱讀的出版物。某些上層人士可能也擁有小書，通常以皮革裝訂，上面刻有姓名縮寫：日記作家山謬爾・皮普斯（Samuel Pepys）就擁有超過 200 本特別裝訂的小書。但一般來說，小書的印刷商在選材上都是大眾取向。小書篇幅通常在 4 到 24 頁之間，用粗糙紙張印刷，附帶簡陋而且通常是重複使用的木刻版畫。銷售量在百萬份之譜。

　　在法國，小書被稱作「藍皮圖書」（bibliothèque bleue），因為這些書通常都裹在用來包砂糖的便宜藍紙裡。西班牙的小書叫作「散單」（pliegos sueltos），摺疊一次或兩次之後，變成一本四開大的冊子。小書通常是流動商販在販售，像是德國的二手攤商（Jahrmarktströdler），或是義大利的賣藝小販（leggendaio）。而在 17 世紀的英格蘭，小書的產製是被所謂的「歌謠社」（Ballad Partners），一個專門販售 4 便士以下廉價商品的小團體所掌控。在法國，這些「藍皮圖書」讓專門印製這類刊物的出版商，如特華的烏

下左：1623 年法國佚名畫作，畫中顯示一名巴黎流動書販（colporteur），對著過往群眾叫賣廉價手冊和小本子。

下右：這本 1530 年的西班牙文「特洛伊女王傳奇」（Romance of the Trojan Queen），就是一本廉價散裝小冊子，當地人稱之為「散單」，摺起後約有數頁內容，由流動商人沿街販售。

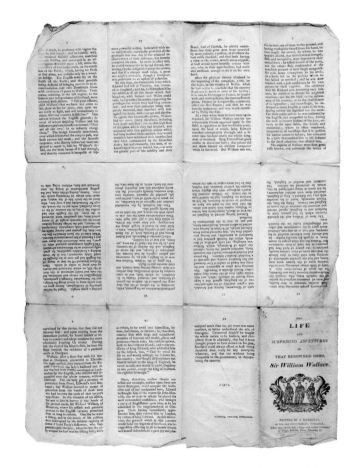

內容有 **12** 頁的蘇格蘭小書，在紐卡斯爾（**Newcastle**）印行，敘述「威廉·華勒斯爵士，一名非凡人物的生平與驚人歷險」。在歐洲有數百萬份這類出版品銷售給一般大眾，形成民俗文化的一部分。

度（Oudot）大發利市。1696 年後，英國的小書商人必須領有執照，結果有 2500 人申請核准販售，光倫敦就有 500 人。在法國，流動書販的人數在 1848 年達到 3500 人，每年銷量達 4000 萬冊。

　　小書的出版範圍非常固定，主要的書目會不斷重印，包括宗教文宣如教義問答、祈禱文、聖人傳記、臨終心態教誨，以及各種版本的死亡之舞（Danse Macabre）詩歌等。除此之外，小販也販售小說、滑稽劇、諷刺劇、飲酒歌等。有些小書是神話、童話、史實或傳奇故事，例如巨人傳、搞笑小丑（Scaramouche）、姆指仙童等；有些小書描述江洋大盜的故事，特別強調他們劫富濟貧的義行，或是描寫惡魔羅勃（Robert the Devil，歐洲中世紀傳奇的主角人物）這一類豪俠故事；還有一些小書是提供生活百科，如記事曆、星象、食譜、神奇療法、醫藥常識、紙牌骰子的遊戲規則、禮儀守則、兒童習字，還有生活智慧等等。深奧的典籍被濃縮、簡化，改編成簡短、易消化的文字供一般大眾閱讀，褻瀆和低俗的部分則跳過刪除。以今天的標準來看，小書類似兒童讀物，而非成人書籍。

曆書

曆書是早期民眾的參考書，內容包括占星圖表、運勢解析、宗教節日註記、重要的市集和法院開庭日期等。曆書不僅止於日曆功能，還提供大量實用資訊，例如對農民來說，曆書中的時令節氣、耕作建議、烹調料理、草藥療效等資訊，特別好用。

曆書的出版大約在 17 世紀達到高峰，例如 1687 年在英格蘭就有 30 種不同版本的曆書，總共印行 46 萬份。曆書出版這塊利潤豐厚的市場，長期都被英國出版業公會獨占，一直到 1775 年出版市場開放之後才有所變化。在德國，18 世紀末的巴登州曆書（Badische Landeskalender）每次印刷量都高達 2 萬份之多。倫敦的《星語》（Vox Stellarum）在 1800 年出版了 35 萬 3000 份。而 18 世紀晚期的義大利，每曆書書印刷量推測都在 25 萬份之譜。

從 1491 年到 17 世紀末持續出版的《牧羊人大曆》（Grand Calendrier et compost des bergers），不只在法國暢銷，翻譯成英文版也很受歡迎。除了提供一般的曆書資訊外，《大曆》更是一本生活指南，內容包括使徒信條、主禱文、十誡，以及聲稱來自高山牧者哲人的醒世箴言。它教導讀者如何延年長壽、修身養性，勸讀者多想身後之事，誠信助人。就如當時多數的曆書一樣，大曆也倡導謹言慎行，順天應人，鞏固既有社會架構。

曆書小販在城鎮廣場兜售商品，推銷楊·凡·威列特（Jan van Vliet）的布列達曆書（Almanac of Breda，1664 年出版）。曆書通常刊載星座運勢、歷史事件、奇蹟顯靈等訊息。

18 世紀，曆書的內容轉趨客觀，因為啟蒙運動人士普遍鄙視星象占卜。在瑞士廣為流傳的曆書《真跛信使》（Le Veritable messager boiteux），吉凶運勢的版面已有大半為重大的歷史事件回顧所取代。1820 年代，實用知識推廣協會（Society for the Diffusion of Useful Knowledge）的查爾斯・奈特（Charles Knight）出版了一本《不列顛曆書》（British Almanac），上面沒有占星，只有各種實用數據資料，可惜因為內容太過嚴肅，銷路不好。至於在義大利，也有針對上層階級推出的時尚曆、法律曆，以及指導青少年禮儀的教育曆。某些地區市面上，還可以看到醫藥曆和格言曆。只要內容不涉及政治消息，當局通常不審查曆書內容。在今日報紙的星相欄位裡，仍然可以看到昔日曆書的影子。

上：牧羊人大曆起源於 1490 年，是再版重印最多的曆書之一。曆書中穿插許多木刻版畫，還附有勸善文，以及各種衛生保健常識。

左：一本英文曆書的內頁，由喬治・拉金（George Larkin）出版；可以看到曆書的內容包含宗教節慶、月相等。

暢銷作家華特·史考特

在 18 世紀末以前，小說普遍被認為是層次較低的文學作品，因為內容缺乏道德教化與高尚情操。能夠突破此一成見的作品，僅有阿朗－荷內·勒撒吉（Alain-René Lesage）的《吉布拉斯》（Gil Blas）、塞凡提斯（Cervantes）的《唐吉軻德》（Don Quixote），以及聲譽日隆的亨利·菲爾丁（Henry Fielding）與山謬爾·理察森的小說作品。但真正將小說推升到正統文學地位的，仍然要屬華特·史考特（Walter Scott）的功勞最大。他不僅作品暢銷各國，更和狄更斯（Charles Dickens，1812-70）、威廉·麥克皮斯·薩克雷（William Makepeace Thackeray，1811-63）等 19 世紀英國文豪齊名。與史考特、狄更斯、和薩克雷相較，珍·奧斯汀（Jane Austen，1775-1817）和喬治·艾略特（George Eliot）在當時只是鮮有人知的小作家。在浪漫主義時期，史考特著作的銷售量，超過了所有其他當代小說家銷量總合。

13163.- SIR WALTER SCOTT.

華特·史考特開創近代歷史小說先河，他的著作在他生前就已經暢銷全歐，同時他也是 19 世紀初一股蘇格蘭浪漫流行風潮的幕後推手。

在法國和北美地區，史考特的成功激勵了許多作家起而效尤，模仿他開創的歷史小說文類。巴爾扎克（Honoré de Balzac）的《舒昂黨人》（Les Chouans），和詹姆士‧菲尼莫爾‧庫柏（James Fenimore Cooper）的作品都是仿效史考特的小說。而史考特對中世紀時期的偏好，也影響了雨果（Victor Hugo）的《鐘樓怪人》（Notre-Dame de Paris，1831）。

史考特在寫作事業初期，曾和學生時期友人詹姆斯‧拜倫廷（James Ballantyne）合開印刷廠，1809 年又與詹姆斯的哥哥約翰合作經營出版社，取名拜倫廷合夥公司（Ballantyne & Co.），發表了許多史考特的暢銷詩作。公司的營運開支，加上他所擁有的邊境郊區亞波次福（Abbotsford）巨大宅邸的維護費用，一度使他瀕臨破產，還好 1813 年另一家出版商阿奇波‧康斯坦伯合夥公司（Archibald Constable & Co.）買下拜倫廷的庫存書，並以匿名方式出版史考特第一本暢銷小說《威佛利》，才解救了他的財務困境。

在歐洲大陸，史考特的作品最初也像其他小說一樣，一刷只印 1000 本。但到了 1826 年，法國版的《伍斯塔克》（Woodstock）就因為需求熱烈一次印

一群小朋友扮演書中角色，重現史考特最受歡迎小說《艾凡赫》中長槍比武的畫面。這是畫家查爾斯‧杭特（Charles Hunt）1871 年的作品。

刷了 6000 本。第一部法文版史考特作品集，在 1820 到 1828 年間由皮耶－法蘭斯瓦·拉佛卡（Pierre-Francois Lavocat）和妮可（Nicole）合作承接出版，採 12 開本便攜版形式；而從 1822 年開始，出版商葛斯林（Gosselin）發行法文版的速度就與英文版同步。前前後後，史考特作品集在 1820 到 1851 年間出現了 20 種版本，其中《艾凡赫》（Ivenhoe）和《昆汀德渥》（Quentin Durward）版本最多。史考特在義大利也同樣受歡迎，1830 年至少有五個系列的史考特小說，由不同出版商分別發行。在德國，小說家威利巴爾德·艾利西斯（Willibald Alexis）在 1823-24 年間假借史考特之名，寫了一部諷刺模仿小說《華勒莫》（Walladmor），甚至讓史考特本人成為角色之一出現在書中。

在北美地區，出版商同樣也是爭相出版史考特的小說，因為史考特寫書速度之快，產量之豐，迫使出版商必須把書拆成幾部份，同時交給不同印刷廠趕工。1815 年，柯尼利斯·凡·溫柯（Cornelius Van Winkle）和查爾斯·威利（Charles Wiley）出版了第一部美國版的《威佛利》，分上下兩冊，以 12 開本印刷。1819 年後，費城的馬修·凱瑞（Matthew Carey）接手成為史考特的主要美國出版商。

從 18 世紀末到 19 世紀初，狄福、史考特這些英國小說家的作品之所以在國際上大獲成功，原因之一是書中主題讓人耳目一新。相對於歐陸作家的寫作範圍偏限上層階級，這個時期的英國小說納入了中產、甚至是農民階層的角色。此外，有教養的歐洲上層讀者偏好細膩的情感描寫，不喜粗俗浮誇，但英國小說卻是直接煽動讀者情緒，擺明了要讓讀者掉淚。不過，某些英國小說還是會被「改寫」，拿掉不雅冒犯的字眼或段落，以適應歐陸閱讀市場。譯過多部史考特作品的法國譯者奧古斯特·德馮孔佩（Auguste Defauconpret），曾把大段內容直接刪除，像是法文版改名為《蘇格蘭清教徒》（Les Puritains d'Ecosse）的《修墓老人》（Old Mortality），就被他刪掉了立場偏向清教徒的文字段落。

歌唱家珍妮·林德（Jenny Lind，1820-87）在董尼采第（Gaetano Donizetti）歌劇《拉莫摩的露琪亞》（Lucia di Lammermoor）中飾演女主角的舞臺扮相。這部歌劇是由史考特的小說《拉莫摩的新娘》（The Bride of Lammermoor）改編而成。

歐洲以外的書市

西歐的出版熱潮並沒有感染到南歐和東歐，這裡的書籍量少，出版活動也比較傳統且仰賴西歐。中歐和波羅的海一帶主要受德國的出版文化影響，希臘則是被法國與義大利的書籍占據了市場。另一方面，鄂圖曼帝國和俄羅斯帝國對於印刷出版技術的發展，具有決定性的文化影響力。

在鄂圖曼帝國境內，由於缺乏資金來源，東正教教會並未充份掌握印刷技術帶來的好處。18 世紀前，希臘書市有八成的書籍其實是在威尼斯印製。這些書多半是希臘東正教的經文，常用於威尼斯城邦境內的克里特和愛奧尼亞島彌撒儀式當中。到了 18 世紀，東正教神職人員開始體認並接納印刷書籍在教化上的功能；希臘中產階級的興起，也刺激了當地書市對世俗圖書的需求，此時威尼斯出版業逐漸衰退，希臘書籍的出版重鎮轉移到了維也納。

1490 年代猶太人被逐出伊比利半島之後，猶太難民取得鄂圖曼帝國蘇丹巴耶濟德二世（Bayezid II）的許可，在君士坦丁堡和薩洛尼加（Salonica）開設印刷舖，出版希伯來文的書籍。亞美尼亞少數民族在鄂圖曼帝國統治下，也擁有類似出版自由，在 18 世紀的君士坦丁堡擁有四間印刷出版社。

天主教的克羅埃西亞從 1494 年起也擁有自己的印刷業，使用西里爾字母（Cyrillic）出版，這種文字是以 9 世紀在斯拉夫世界宣揚基督教的傳教士西里爾的名字來命名的。隨著 16 世紀鄂圖曼帝國逐漸強化對巴爾幹地區統治，西里爾文字的印刷活動轉移到瓦拉幾亞（Wallachia）；當地獲准從事印刷活動，在主教的掌控下，供應斯拉夫文與羅馬尼亞文出版品。塞爾維亞、波士尼

1494 年在蒙特內哥羅（Montenegro）策提涅（Cetinje）修道院內印刷的《八調本》（Octoechos），記載了週日彌撒的順序。這是最早使用教會斯拉夫文（Church Slavonic）編寫的儀式書。

亞，和赫塞哥維納（Herzegovina）在 16 世紀並沒有自己的印刷產業，教科書和宗教書都是從俄羅斯或匈牙利進口，直到 1830 年代，才受 19 世紀初的民族主義風潮激勵，逐漸開始以各民族語言像是捷克文、斯洛伐克文、匈牙利文，和烏克蘭文出版文學作品、字典、文法書。

　　在東歐，斯拉夫語文的書籍出版在銳意改革的彼得大帝（1682-1725）登基之前，始終受到宗教機構掌控。1711 年彼得大帝在新都聖彼得堡設立了印刷廠，俄羅斯參議院和科學院也打破教會獨占，自行出版科學和學術著作。1783 年後，女沙皇凱薩琳二世嘗試進一步鼓勵世俗出版，全境出版量在 1788 年小幅成長到 500 本新書。但法國大革命的爆發，又讓試探性的開放腳步瞬間中斷；由於害怕人民叛亂，凱薩琳下令關閉民間印刷廠，在俄羅斯帝國境內實施嚴厲的審查制度。

左上：**1705** 年出版的一本字母書標題頁，插畫所繪為俄羅斯沙皇。

右上：這本彌撒書由夫拉察（Vratsa）主教索夫洛尼・弗拉察斯基（Sofronii Vrachanska）撰寫，**1806** 年在羅馬尼亞印刷。這是第一本以現代保加利亞文編寫的書，在《聖經》的保加利亞翻譯本問世以前，給予當地教區性靈上的指引。

4 出版商崛起

在 1830 年以前，一本普通小說的印量很少超過數百本。以斯湯達爾（Stendhal）的《紅與黑》（*Le Rouge et le Noir*）為例，這本書在 1830 年出版時只印了 750 本。斯湯達爾將他的作品獻給「快樂的少數人」：我們很難知道他的讀者是否都是快樂的，但至少在他在世的時候，他的讀者確實很少。不過，到了 1914 年，廉價小說已經有了大眾市場，而法國各地的讀者都熟悉他的作品。社會與經濟變遷終結了舊型態的印刷出版。書籍與報紙大量生產，紙張的價格是史上最低，每天大約十小時的工時讓大眾擁有更多休閒時間，而至少在西歐，大多數人都能識字。

在 19 世紀西歐，出版商以專家和創業家的身分崛起（在歐洲比較小的市場，這些發展出現在 20 世紀）。19 世紀初期以前，出版、印刷與賣書的工作並無區分，許多人身兼三職。現在，出版商堂堂登場：他管理財務，培養作者群，也規畫行銷策略。其中少數人成了家喻戶曉的名字，如卡爾・貝德克（Karl Baedeker）與皮耶・拉勞斯（Pierre Larousse）。

廣大閱讀群眾的出現對出版商而言代表商機，在其他人眼中卻是對社會的威脅。該如何抑制社會主義文學的散播？該如何防止婦女閱讀可能會危及婚姻穩固的浪漫幻想小說？

在法國，新年禮物季是書籍銷售的高峰期。出版商賀澤爾（Hetzel）總會抓住這個機會為自己出版的青少年讀物打廣告，包括朱爾・凡爾納（Jules Verne）的小說和賀澤爾辦的《教育與娛樂雜誌》（Magasin d'éducation et de récréation）。

印刷的機械化

19世紀以前，從印刷術發明以來就存在的簡易木製手動印刷機一直在使用中。
如今，擴大的市場刺激了對更快速的印刷方式的投資，以供應更大的印量。
印刷日趨機械化，使得一次可以印刷的紙張數量比以前多了許多，而且速度
更快。古騰堡所熟悉的那個印刷世界持續存在了近四個世紀，但是在大約
1830年以後，那個世界徹底改變了。木製的手動印刷機在工業化的最初數十
年仍存在，但是新的斯坦霍普（Stanhope）金屬印刷機在1800年問世。這種
印刷機雖然比舊式的木製印刷機昂貴得多，但是它們的使用年限比較長，還
擁有大型的平版，使得印刷工可以在單一次操作中為一整張對開紙上墨。菲
德烈·寇尼克（Friedrich Koenig，1774-1883）在1811年為倫敦《時報》（Times）
開發了由蒸氣驅動的滾筒印刷機，每小時可以印1100張紙。傳統的木製印刷

新式的斯坦霍普印刷機，如圖中所示，由金屬打造，還有一個大型的平版，適合生產大版面的印刷品，如報紙。然而基本的印刷程序仍大致維持不變。

幾即使全速運轉，印刷速度也只有這個速度的十分之一。

　　機械印刷機在 1830 年之後開始迅速擴散。輪轉印刷機於 1851 年在蘇格蘭愛丁堡問世，到了 1853 年，倫敦《時報》已經使用輪轉機印刷了。輪轉印刷機在 1866 年傳入法國，1873 年到德國，1885 年到了西班牙。時至 20 世紀初期，有多個給紙器的輪轉印刷機一小時已經可以印出 4 萬 8000 頁紙。排版機自 1870 年代起即讓大量生產變得更快、更便宜。摺紙機出現了，裝訂也透過新的刃邊與裝訂設備而機械化。

　　紙張本身的製造也發生了重大變革。亨利·弗瑞德雷尼爾（Henry Fourdrinier，在 1799 年）與湯瑪士·吉爾頓（Thomas Gilpin，在 1816 年）建造的製紙機可以生產非常寬而且連續不斷的紙卷。在 1860 年代，以木漿而非碎布製紙在技術上變得可行，而原本造成可觀費用的紙

上：阿波蓋斯（Applegarth）印刷機以真正的工業化規模生產新聞紙。倫敦《時報》是新印刷技術的重要投資者。

下：巨大的華特（Walter）輪轉印刷機以曲面鉛版（curved stereotype plates）印刷，每小時可印 1 萬 500 份。

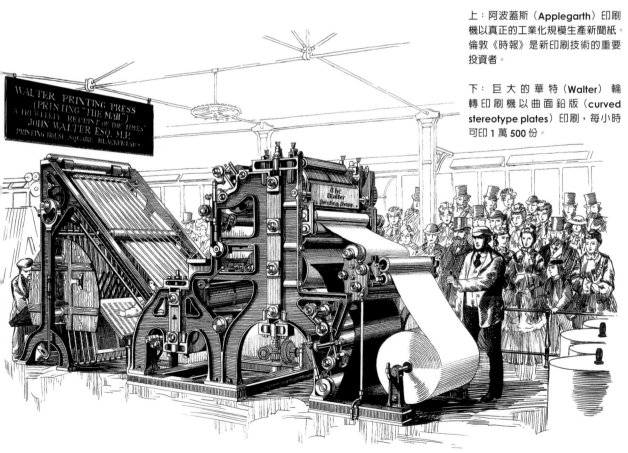

張價格逐步下降，大幅減少了書籍生產的成本。在法國，一本書的平均價格在 1840 到 1870 年之間下跌了 50%。在 19 世紀下半葉成為工業用紙主要供應者的德國，原材料在 1870 年約占生產成本的 30%，但是到了 1912 年已經只占 12%。

讀者都希望書本擁有潔白的頁面，為了達成這個效果，從 19 世紀下半葉起紙張中開始加入氯。但是以漂白紙製作的書酸性很高，因此註定自我毀滅。不出一個世紀，法國國家圖書館（Bibliothèque Nationale de France）就發現來自這個時期的 7 萬 5000 冊館藏書籍在書架上逐漸腐朽。有些書必須被摧毀，其他的則以微縮攝影保存。

出版界的變革並不是單因印刷的機械化而發生，而是對社會與經濟變遷必要的回應。基本識字的進展在 19 世紀末國家初等教育系統建立後達到高峰，並且確保了閱讀大眾持續擴大。鐵路的建造，尤其是在 1840 年代之後，使得將書籍供應到全國市場變得比較符合經濟效益。在英國於 1840 年推行了羅蘭 · 希爾（Rowland Hill）的一便士郵政（Penny Post）之後，郵政服務得以將期刊與出版品目錄傳遞到英國的各個角落。有了這些銷售書籍的新機會之後，機械化又協助將廉價的文學帶給了大眾。

製紙機，圖片繪於 1853 年。在 1 世紀後半，使用木漿造紙、以及造紙過程的機械化，都讓紙張的成本降低了，書本也相應便宜許多。

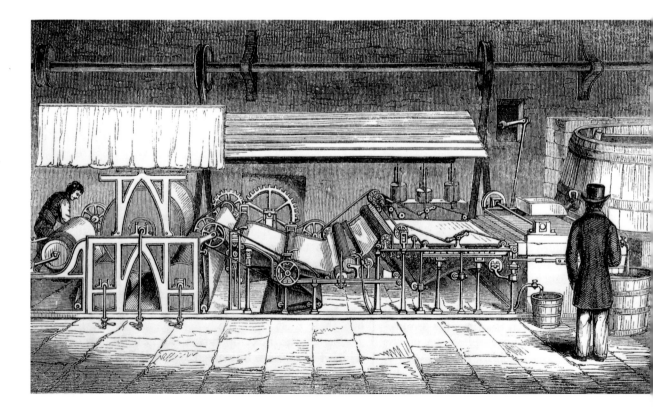

十九世紀的書籍插圖繪者

直到時間已經進入 19 世紀很久以後，同一本書的文字與圖像仍然都是在各自獨立的工坊中以不同的程序製作。複製圖片的技術有三種：木刻術是最古老的；鋼板雕刻術清晰度較高，能呈現更多細節；石版印刷在 1819 年由阿羅斯・塞尼菲爾德（Alois Senefelder）發明，能創造更多樣的質感，準確性也較高，因為插畫家可以直接在印刷版上作畫。報業偏好石版印刷；書籍插畫則三種方法都用，有時同時出現在一本書裡。

插畫家古斯塔夫・多雷（Gustave Doré，1832-83）15 歲就展開了專業生涯，在法國《笑林報》（Le Journal pour rire）擔任諷刺畫家。他偏愛的媒材是木刻，他以這種方法為弗朗索瓦・拉伯雷（François Rabelais）1854 年的經典怪誕小說《巨人傳》（Gargantua et Pantagruel）創作插畫，效果奇佳。多雷黑暗而有時華麗浮誇的作品，妝點了奧諾雷・德・巴爾札克（Honoré de Balzac）的《都蘭趣話》（Contes drolatiques）與尤金・蘇（Eugène Sue）《流浪的猶太人》（Le Juif errant）等 19 世紀小說。法國大眾對他的書籍插畫厭倦了之後，他在美國和英國受到熱烈歡迎，作品還於 1868 年在倫敦的一間藝廊展出。他在 1883 年過世前，正在進行莎士比亞劇本某一版本的插畫。

書籍插畫當時正逐漸成為一門公認的藝術。19 世紀的人對於自然史的著迷，讓植物與野生動物繪者有許多珍禽異獸的標本可以描繪，並且以整版插圖複製。從事這門藝術的人當中最出色的兩個人是約翰

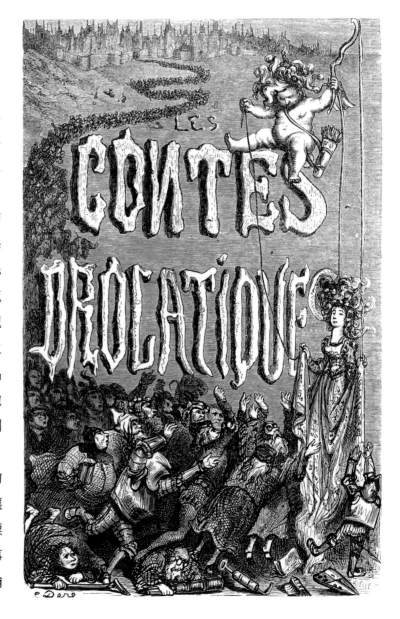

古斯塔夫・多雷為 1855 年版本的巴爾札克《都蘭趣話》創作了 425 幅版畫。《都蘭趣話》最早於 1830 年代出版，收錄許多諧趣故事。

約翰‧詹姆斯‧奧杜邦的《美國鳥類》將植物與動物繪畫提升到新的精緻境界。這隻紅鸛和其他插圖都以等比例複製。

‧詹姆斯‧奧杜邦（John James Audubon）和約翰‧古爾德（John Gould）。

奧杜邦（1785-1851）生於法屬加勒比海地區，早年在法國與美國賓州度過。經過幾次經商失敗之後，他在 1820 年代早期遊覽美國南部，以粉彩及水彩描繪鳥類生活。他的作品將質感、生動的構圖與戲劇化的姿勢置於科學準確性之上，因而在美國獲得的反應不一。但是他在英國獲得了不少具有影響力的訂閱者，並且委託人製作他的圖版的油畫複製品，賣給藝術收藏家和博物學者。他後來出版的《美國鳥類》（Birds of America，1827-38）是一本昂貴的圖鑑，共有 435 幅手工上色、銅版蝕刻印刷的圖版。這本被稱為「雙象版」的書開本非常大，讓他得以生產以等比例繪製的鳥類圖。他的下一本書，《鳥類傳記》（Ornithological Biography，1831-38），鞏固了他專精鳥類插畫的聲譽。

約翰・古爾德（1804-81）原本是標本製作者，後來在 1828 年成為倫敦動物學會（London Zoological Society）的策展人與保存者。他深知描繪自然世界有可能帶來豐厚的收入，因此在 1830 年代早期與他的太太、藝術家伊莉莎白・寇克森（Elizabeth Coxen，1804-41），共同創立了出版事業。她與一群石版畫家和彩畫家合作，將古爾德的草圖轉置到完成的圖版上。古爾德出版了《喜馬拉雅山百年鳥類集》（A Century of Birds from the Himalaya Mountains，1831-1832），然後在一趟為時兩年的澳大利亞之旅後，又出版了華美而昂貴的《澳大利亞鳥類》（Birds of Australia，1840），為澳洲鳥類學立下了里程碑。他與達爾文的合作很出名——是古爾德首先辨認出達爾文的加拉巴哥鶯鳥（Galápagos finch，又譯為加拉巴哥芬雀）是新物種，達爾文巨著《小獵犬號之旅的動物學》（The Zoology of the Voyage of HMS Beagle，1838-43）中的鳥類學冊，也由古爾德擔任作者與繪者。

約翰・古爾德沒受過什麼正式教育，也不是訓練有素的藝術家，但是他看出石版印刷用於製作高品質彩色圖版的潛力，如他的《澳大利亞鳥類》中的這幅亭鳥圖版。

PTILONORHYNCHUS HOLOSERICEUS, *Kuhl.*

出版商的角色

傳統上，印刷業者、出版商與書籍銷售商並無區別，但是這些出版業的角色在 19 世紀開始分工。比如在 1824 年，萊比錫的書籍銷售商成立了專業協會，稱為「德國書商協會」（Börsenverein des Deutschen Buchhandels），是第一個獨立於印刷同業公會之外的書商公會。在工業時代以前的出版企業結構中，出版商與印刷商往往將工作留在家族裡，將工作傳給兒子或遺孀，因此創造出一些龐大的書業工匠王朝。如今，誰能進入這個產業不再由印刷同業公會控制，外人開始加入他們的行列。誠然，有些出版商曾經有過印刷商的經驗，但許多其他出版商則來自截然不同、或許還非常卑微的出身。成功的出版商是白手起家的創業者，擁有創意，獨立而不怕冒險。

　　現代出版商必須對市場擁有專業知識，並且針對波動的需求做出商業決

卡爾曼—李維的書店位於巴黎時髦的義大利大道上。這個店面生意繁忙，興建資金來自李維兄弟販賣歌劇歌詞和後來的廉價小說所賺得的利潤。

棄。他必須為新的生意和書系籌措資金。他與作者群保持關係，決定合約條件，也往往自視為知識的贊助者。他針對價格、紙質、書本格式和廣告計畫下決定，還要協調不同的經銷網絡。要滿足這些重要的功能，他不需要對印刷術有專門知識，但他必須有領導力，有門路取得資本，還要有膽子承受割喉競爭的壓力。

雖然法國出版業不是最大的，但在許多方面它是最有活力的。停滯的人口規模使得法國市場的成長受到固有的限制，出版商如果想要把生意做大，就需要更多創意和發明能力。19世紀中，有份量的出版商出現了，包括卡爾曼—李維（Calmann-Lévy）出版社。米榭（1821-75）和卡爾曼·李維（1819-91）兄弟早期從販賣歌劇的歌詞和劇本腳本賺到錢，並在1850年成功出版了亨利·穆傑（Henri Murger）的《波希米亞人的生活》（Vie de Bohème，普契尼的歌劇就是據此改編）。他們對出版史最重要的貢獻，是讓書籍價格在1856年大幅降低，當年，米榭·李維推出了新的系列小說和詩集，每一本要價僅一法郎。這個首開先河的商業模式所創造的巨大利潤，讓李維得以在巴黎歌劇院附近設立新的辦公室，並且在非常時髦的義大利大道上開了一間書店——是出版業「垂直整合」的例子，也就是出版商企圖透過買下紙張供應商與零售據點，介入生產的每一個層面。李維兄弟讓出版業走在法國資本主義發展的最前端，也在法國、北非和奧匈帝國投資鐵路、保險公司和公共事業。

在英國，這些變化也隨著麥克米倫（Macmillan）、莫瑞（Murray）和朗文（Longmans）等新的出版社成立而出現。在麥克米倫居間籌畫下，英國出版商在1899年實行了淨價圖書協議（Net Book Agreement），管理出版商供應書籍給書店的條件，並試圖排除未經授權的折扣。

一如李維兄弟以歌劇歌詞致富，新的出版商往往透過經營小眾市場獲得成功。比如卡爾·貝德克（Karl Baedeker，1801-59）和他的旅遊指南，他自1827年起以科布連茲（Koblenz）為據點，首先在1835年出版了萊茵蘭的袖珍旅遊手冊。後

德國出版商卡爾·貝德克透過著名的旅遊指南系列，開發了利潤豐厚的小眾市場。

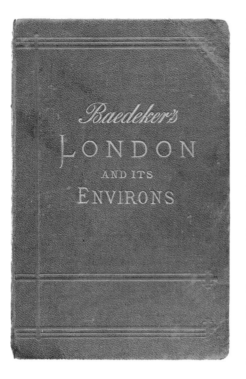

來的比利時、荷蘭、瑞士、德國與奧匈帝國的旅遊手冊都由他自己研究和撰寫。這些與後來的其他手冊成為大獲成功並持續受到歡迎的旅遊指南系列，對像是富裕的中產階級旅遊者。貝德克的旅遊指南被簡單的稱為貝德克書（Baedekers），特色是紅色的封面和針對有趣的景點、飯店與餐廳的星級評鑑制度。英國出版商約翰·莫瑞三世（John Murray III，1808-92）以出版「莫瑞手冊」（Murray Handbooks）而堪稱現代旅遊指南的發明者，他既是貝德克的模範，也是他的主要競爭對手。

左：紅色書皮與金色文字是貝德克品牌的特色。他的手冊輕便而易於攜帶，也是首先收錄了飯店與價格詳細資訊的旅遊指南。

下：貝德克奧地利旅遊指南中的薩爾茲堡（Salzburg）地圖。在這些新的實用指南中，詳細的地圖取代了插畫。

　　到了 19 世紀末，出版商已經是自成一格的專業人士了，擁有不可或缺的專業能力。

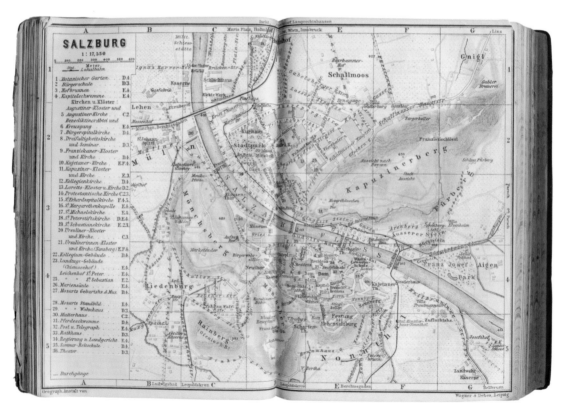

著作權與版稅

在 19 世紀初，我們現在所知的版稅制度並不存在。換句話說，作者的收入與作品的實際銷售沒有任何關聯：出版商付一次錢買下手稿，此後作者對書籍收入就沒有任何其他權利了。出版商重印書籍不用支付作者任何費用，但重印的銷售所得是出版商獲利的主要手段。漸漸的，依照印刷的本數支付作者費用的做法出現了，但這與銷售的本數並不相同，如果書賣不好，可能會讓

ÉDITION DU FIGARO

PIERRE LOTI

Madame Chrysanthème

PARIS
CALMANN LÉVY, ÉDITEUR
3, RUE AUBER, 3

1888

卡爾曼─李維版的《菊花夫人》，這是法國暢銷作家皮耶·洛蒂以異國為場景的系列小說之一。書中對遠東的浪漫描寫，成為普契尼歌劇《蝴蝶夫人》（Madame Butterfly）的靈感來源。

出版商付出高昂的代價。真正的版稅制度一直到 19 世紀末才發展完成，因為當時施行了一個國際法律以抑制盜版，並承認作者在海外的版權。

有少數作者為了作品能夠出版，幾乎什麼都肯做，削弱了捍衛作者權利的共同努力。埃米爾‧左拉（Émile Zola，1840-1902）在早期的合約中做了重大的讓步。他和拉夸（Lacroix）出版社談成 10% 的版稅，但同意讓出版商生產的免版稅本數比一般的數量多了四倍。他還同意分期收到版稅，放棄所有在報刊出版的權利，同時承諾每年為出版商寫兩本小說。到了 1877 年《小酒店》（L'Assommoir）大獲成功之後，他才談到比較好的條件，而出版商喬

治·夏本提耶（Georges Charpentier）同意給予他超過
4% 的版稅，以及在報刊連載的獨家權利。

哈麗特·比徹·史托（Harriet Beecher Stowe，
1811-96）的《湯姆叔叔的小屋》（Uncle Tom's Cabin）
是 19 世紀最暢銷的小說，最初在報紙上連載時她只獲
得 400 美元的報酬，但這也已經相當於她三年多的租
金了。小說首度以書籍形式在 1852 年出版時，她獲得
10% 的版稅，最後的版稅收入共達 3 萬美元。雖然這
筆金額在 1850 年代相當可觀，卻不能反映這本書在全
球的巨大銷量。史托沒有從在英國和其他地方銷售的版
本獲得任何收入，因為當時還沒有國際版權協議。

這樣的協議當時已經在成形當中，但是發展得太
慢，來不及惠及史托。1850 年代，個別國家之間簽署
的雙邊協約禁止了圖書盜版。1886 年，第一項國際著
作權協議《保護文學及藝術著作之伯恩公約》（Bern
Convention for the Protection of Literary and Artistic
Works）在瑞士伯恩簽署，書的全球經濟至此臻於成
熟。史上第一次，作者與出版商的權利受到了保護，
不受全球圖書盜版侵犯。雙方都可接受的商業模式建
立起來後，持續存在了超過一個世紀，直到電子出版
將一切拋入不確定當中。

19 世紀末，作者已經可以期待從自己的文學作品
獲得可觀的報酬。比如法國小說家皮耶·洛蒂（Pierre
Loti，1850-1923）就是當時收入最高的作者之一。《冰
島漁夫》（Pêcheur d'Islande，1886）和《菊花夫人》
（Madame Chrysanthème，1887，是歌劇《蝴蝶夫人》
的靈感來源）以他身為海軍軍官所熟知的異國為場
景，而這些小說的成功，使他得以從以十八開本出版
的普及版初版書，獲得介於 17% 和 21% 之間的版稅。
後來開本較大也較昂貴的版本，所能獲得的版稅率則
比較低。

書店興起

19 世紀晚期，買書的管道很多，傳統書店只是其中之一；其他商店則賣書兼賣食品雜貨、五金或服飾用品。在新英格蘭，雜貨店一般會有幾本《詩篇》選本和祈禱書出售。西班牙文讀者可以在街頭書報攤買到分冊出售的最新小說，還有像米蘭街頭的攤販（稱為 banchi）銷售版畫、日曆、曆書與宗教小冊子給行人。流動小販在攜帶的一簍簍各色物品中也會放入幾本書。儘管如此，愈來愈多專門賣書的書店在小鎮與郊區出現，推廣了閱讀習慣，也將大眾整合為一個主流的大都會文化體。

賣書仍是受管制的行業。1848 年以前，奧地利首相克萊門斯·梅特涅（Klemens von Metternich）試圖在德國與奧地利帝國施行審查制度，在此制度下，出版與販賣未經核准的文學作品都有招致罰款與入獄的風險。在法國，在拿破崙於 1810 年創立的制度下，想成為書籍銷售商的人必須申請執照（稱為 brevet），提供四名由當地市長認證、可證實他品行端正的保證人，以及四份他具有執行這份工作所需專業能力的證言。如果申請通過，這名新的銷售商還必須宣誓效忠政府。政府必須知道新的書店不會成為散播顛覆性出版品的中

右頁：在這張 1902 年的照片裡，朋友在科隆（Cologne）教學協□□書店外面排成一列，一名顧客正□瀏覽櫥窗內的陳列品。左邊可以□到通格（Tonger）樂譜店。

下：位於北倫敦芬斯伯瑞廣□（Finsbury Square）的拉金□（Lackington）書店，有「繆思□神廟」之稱，據說這裡寬敞到四□馬車可以繞著圓形的櫃臺行駛。□金頓有許多創舉：他印製巨大的□書目錄，並且不讓客人賒帳。

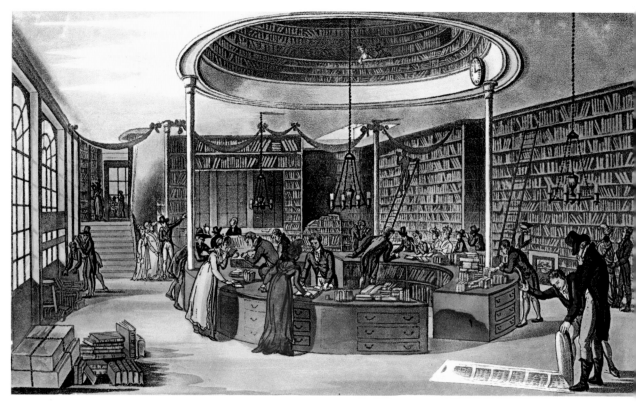

心，也有足夠的資本能夠獲得商業上的成功。執照制度一直到 1870 年才放寬。

在西方，書店密度穩定成長。以德國為例，1895 年時，每 1 萬居民有一間零售書店，到了 1910 年，已經成為每 8743 名居民有一間書店。不意外的，最大城市的人均書店數比鄉村和偏遠地區的多：1913 年，每 3700 名柏林人就有一間書店，而萊比錫在 1910 年的人均書店數更驚人，每 1700 人就有一間書店。書店數量的增加對於建立全國性的文學文化不可或缺。史上第一次，所有的老百姓都可以買到同樣的流行書籍，從廣為人知的教義問答，到《三劍客》（The Three Musketeers）這樣的小說皆然。

同樣在 19 世紀，鐵路書報攤把書本與報紙帶給了為數更多的新消費者。W.H. 史密斯（W. H. Smith，1825-91）於 1848 年在倫敦的尤斯敦車站（Euston Station）成立了第一個火車站書報攤。路易·阿歇特（Louis Hachette）在 1852 年以鐵路圖書館（Bibliothèques des Chemins de Fer）跟進，並在法國政府同意下獨占火車站的書籍販售生意。今天，阿歇特仍擁有法國火車站的連鎖書報攤「赫雷」（Relais）。

W.H. 史密斯在倫敦國王十字車站（King's Cross Station）的書報攤，時為 1910 年。史密斯是首先看到鐵路書報攤潛力的人。後來有許多人模仿他的做法，包括法國的路易·阿歇特。

流通圖書館與公共圖書館

由於新書在 19 世紀依然昂貴，私人的流通圖書館（circulating library）與公共的借書圖書館（public lending library）讓為數眾多的讀者得以取得讀物。流通圖書館流傳至今的形象是為婦女提供奇情小說的地方，但實際上並非總是如此。在許多歐洲國家，私人流通圖書館供應的是小眾市場，例如科學團體和文學圈；在英國，這種圖書館分布比較廣，提供最新的小說給主要為中產階級、能夠負擔可觀訂閱費用的讀者。較低階層的讀者則仰賴免費的公共圖書館，這些圖書館在 19 世紀後半開始由改革者、慈善家和企業主成立，目標是把教人上進的書籍提供給大眾。

流通圖書館大量出租暢銷書，讓華特·史考特與拜倫勛爵（Lord Byron）等作者實際擁有的讀者人數，比他們可觀的銷售數字所顯示的還要多。出版商並未將流通圖書館視為對生意的威脅，反而視之為可靠的顧客，因為他們總會大量訂購許多書籍以供應眾多的顧客。出版商則以提供大幅折扣給流通圖書館作為回饋。例如 1842 年在英國成立的穆迪精選圖書館（Mudie's Select Library）即享有最高 50% 的購書折扣；穆迪圖書館對於「三冊小說」的推廣也扮演了重要角色，這種小說分成三冊出版，所以同時可以有三位顧客租閱小說的不同部分。流通圖書館也使得書籍價格居高不下，因為只要穆迪圖書館購買一部新書的 800 到 1000 本，即使折扣很高，也足以讓出版商沒有什麼誘因以較便宜的單行本形式出版書籍。但流通圖書館這個行當也是有風險的：暢銷小說很快就會退流行，可能讓一家公司坐擁一堆用不上的庫存書。1880 年代晚期至 1890 年代

德比郡（Derbyshire）阿士本（Ashbourne）流通圖書館主人蘇珊娜·歐克斯（Susanna Oakes）肖像，繪於約 1800 年。流通圖書館主要服務流行小說的讀者，也為單身女性、寡婦與退休人士提供了就業機會。

Kitty take those books to the library and get Mrs Brown to change them; tell her I'm fond of the rumantic.

初期，廉價的重印書日益受歡迎，而且售價只要圖書館一年訂閱費用的一小部分，讓穆迪圖書館這樣的機構紛紛倒閉。

另一方面，公共圖書館則經歷了一次復興。直到19世紀改革者接手以前，公共圖書館存在的主要目的一直是保存古代珍寶，只准許學者與博學多識的業餘研究者進入，並且每週只開放幾小時。然而在19世紀，識字率的提升，以及投票權（在某些國家）的擴大，使得統治階層意識到普羅大眾的讀物是攸關公共利益的事情。透過對民眾更開放的圖書館來提供健康的文學讀物，成為改革者與政治人物共同的要務。查爾斯‧狄更斯在1852年正式成立曼徹斯特免費公共圖書館（Manchester Free Public Library）的時候，發表了立論宏大的演說，希望書本可以化解資方與勞方之間的衝突。幾年後，棉花荒歉（Cotton Famine）重挫了蘭開夏（Lancashire）等生產中心，導致許多男性失業，但並沒有發生嚴重的騷亂或反叛。許多國際觀察家推斷，這是因為英國找到了社會控制的成功之道，而對大眾開放的公共圖書館就是方法之一。

英國在公共圖書館的相關規定上起步較早。自1850年起，地方主管機關就已獲准徵收地方稅以資助圖書館，並且在1855年將稅率加倍。這個做法的成果可以從北方城市里茲（Leeds）看出來，到1902年，里茲已經擁有一座中央公共圖書館以及14間地方分館，服務不到50萬的人口。在其他地方，私人企業在增加大眾取得書籍的容易度上扮演了類似的角色。龐大的書籍借閱公司在19世紀末的德國興起，包括柏爾斯泰爾與雷馬勒斯（Borstell &

左：1830年代的這名讀者顯然鍾情於她的羅曼史小說與熱酒精飲料，喊著：「貓咪，把那些書帶去圖書館換……我喜歡『盧』曼史。」

下：得文（Devon）普利茅斯免費圖書館（Plymouth Free Library）有編號的入場憑證。普利茅斯居民在1871年投票決定成立圖書館後，在私人訂閱與當地政府資金的支持下成立。

（Reimarus），1891年，這家公司在柏林的四層樓店面已有60萬冊書籍供出租，上門的讀者包括俾斯麥親王（Prince Bismarck）。

在美國，私人慈善家資助了新圖書館的建造。出身貧寒的蘇格蘭移民、後來成為百萬鋼鐵大亨的安德魯・卡內基（Andrew Carnegie，1835-1919），在1886至1917年間協助資助了大約1600間新的公共圖書館。卡內基從未替任何一座圖書館提供全額資金；他認為地方主管機關自身應該付出努力，並展現出自決的精神，他認為自己獲得成功的原因就是這種精神。許多卡內基圖書館的建築屬於新古典風格，有宏偉的廊柱與整齊的草地，傳達出對印刷文字的崇敬。儘管這些建築外觀優雅，但並不是每個當地居民都樂見自己的街坊將有一座公共圖書館，因為圖書館會為平靜的中產階級居住區帶來工人階層與黑人顧客。

到了19世紀末，雇主開始看出在工作場所提供圖書館的價值。員工可以找到準備考試的資源，獲得職位晉升，同時，閱讀也被認為可以提升員工的道德感與合作意識。百貨公司為員工創立了圖書館，工廠圖書館如雨後春筍般出現，而工會圖書館也很快就與之並駕齊驅。克魯伯（Krupp）公司在德

賓州匹茲堡的卡內基圖書館外牆上有一句銘文，宣示它的民主使命：**Free to the People**（人民得免費使用）。建築正面的宏偉古典風格旨在傳達莊嚴的感覺，但也讓某些讀者覺得難以親近。

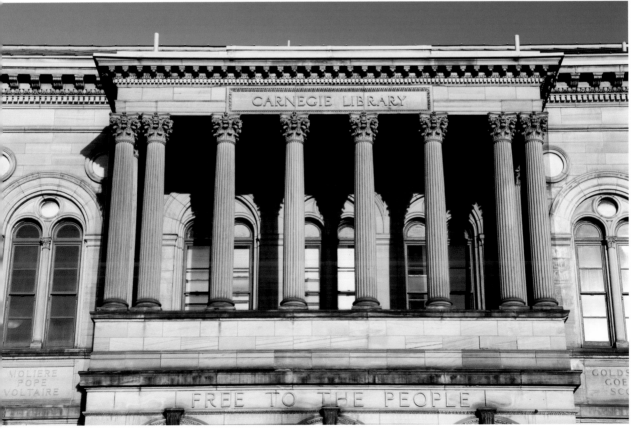

Develop the Power
that is within you

Get ahead. Books are free
at your Public Library

1921 年鼓勵工人階層閱讀的宣傳海報。公共圖書館立意良善，但只有少數工人想閱讀勵志書籍。

國埃森（Essen）的圖書館於 1899 年成立，到了 1909 年館藏已超過 6 萬 1000 冊，公司內 50% 的勞工會借閱書籍。英國的陽光港（Port Sunlight）、伯恩維爾（Bourneville）與朗恩特里（Rowntree）公司，以及美國的福特（Ford）與固特異（Goodyear）公司也有類似的安排。在澳洲，新南威爾斯鐵路與電車機構（New South Wales Railway and Tramway Institute）在 1929 年的鼎盛時期一年的借閱量超過 90 萬冊次，成為澳洲最大的公共圖書館。

但圖書館的使用者對通俗小說的需求遠遠超過了具教化意義的文學與教育書籍，這在圖書館改革者眼中是個問題。新南威爾斯鐵路機構在 1920 年代出借的書籍中，90% 是小說。認真的圖書館員失望了：大眾要的是娛樂，不是教化。

格林兄弟的世界

雅各（Jakob，1785-1863）和威廉·格林兄弟（Wilhelm Grimm，1786-1859）
是哥廷根大學（University of Göttingen）的學者。他們是德國浪漫主義世代
的成員，在那個年代，德國尚未成為統一的民族國家，但是它的國族認同已
經透過德國語言和文學逐漸成形。根據德國哲學家約翰·哥特弗里德·赫德
（Johann Gottfried von Herder，1744-1803）提出的想法，一個國家獨特的靈
魂存在於農民文化（the Volk）中。格林兄弟受到赫德啟發，著手將德國農民
的口傳民間故事變成偉大的國家文學，能夠傳達德國特質的精髓。

　　至少這是他們原本的想法。實際上，格林兄弟在 1812 年首度以《兒童與
家庭故事集》（Kinder- und Hausmärchen）為名出版的著名民間故事集，並未

雅各與威廉·格林在德國尼德赫佐
賀倫（Niederzwehren）聆聽說
書人多樂蒂雅·維曼（Dorothea
Viehmann）的故事。多樂蒂雅是農
民，也是為格林兄弟提供民間故事的
泉源。她是雨格諾派（Huguenot）
宗教難民後裔，許多她講述的故事
其實源自法國。

準確呈現構成德國文化基石的農民文化。他們沒有直接將德國農民述說的故事抄寫下來，而是就近透過他們在赫斯（Hess）所屬的文學圈子取材。提供他們資訊的人當中，有些甚至不是德裔背景，且許多都受到夏爾·佩羅（Charles Perrault，1628-1703）17世紀在法國首度出版的童話故事所影響。格林兄弟的故事集雖然在德國民族主義的精神下受到熱烈歡迎，但其實有很多地方要歸功於法國的先例。

在改編原始故事的過程中，格林兄弟創造了許多王子與公主，也淡化了顯示可能有家庭衝突的地方。以1840年出版的《糖果屋》（Hansel and Gretel）第四版為例，孩子們的母親成了後母，好讓父母拋棄孩子的行為比較容易解釋。雖然格林兄弟淨化了很多內容，但他們並不吝於加入暴力的細節，以確保壞人受到應得的懲罰。比如，在佩羅版《灰姑娘》的結局中，灰姑娘原諒了兩個同父異母的醜姐姐，她們隨她前去王子的宮殿，嫁給了王公貴族，但是在格林兄弟重新講述的版本中，她們在前往參加灰姑娘的婚禮時，被鴿子啄去了眼睛。

這是 1865 年在柏林出版的一本格林童話集封面。從仙子與陪伴她的動物身上，一點也看不出書中許多故事所含有的暴力內容。

格林兄弟的第一本故事集收錄了 86 個故事，在 1814 年出版的續集中又新增了 70 個故事。總計，格林兄弟在世時，他們的故事集共有七個版本問世，收錄的故事也逐漸變多，最後共有 211 則。雖然格林兄弟收集的故事原本是為了展現德國特有的文學，但這些故事擁有普世的吸引力，在 19 與 20 世紀經常以許多不同的語言重新出版。

每月小說

連載小說讓作者與出版商有了接觸讀者的新管道。連載有兩種不同的形式：第一，以獨立單本的方式分冊出版，是 19 世紀中期流行的作法；第二，連載小說（roman feuilleton）及其後繼者，於 19 世紀初開始出現在報端，接著在 19 世紀後半葉的數十年出現於月刊中。雖然連載出版以小說為大宗，但幾乎什麼內容都可能以連載方式出版，也的確如此：百科全書，名人回憶錄，甚至是馬克思的《資本論》（Das Kapital）。

連載小說讓深諳如何在章回式結構中製造最多懸疑與期待的作者發了大財。在法國，歐仁·蘇（Eugène Sue，1804-57）與大仲馬（Alexandre Dumas，1802-70）是這種文類的大師。大仲馬的《三劍客》（1844）最初就是以連載形式發表，而足足有 139 個獨立章回的《基督山恩仇記》（1844-46）也是。從 1844 年中到 1855 年中，歐仁·蘇的《流浪的猶太人》（Le Juif errant）將《立憲報》（Le Constitutionnel）的發行量從 3600 份提高到 2 萬 5000 份。連載後緊接著以書本形式出版：《流浪的猶太人》以現代標準來看是沒完沒了、幾乎讓人讀不下去的小說，但是到 1880 年已經出過 27 個版本了。

連載形式是 19 世紀小說會那麼長的主要原因：作者的稿酬以行數和回數計算。如果一部小說成功，盡量延長它的壽命自然是對作者與出版商都有利的做法，但如果不受歡迎，就可能被提前中止出版，或者作者可能會收到趕快將故事收尾的要求。舉例來說，佛萊德利克·馬利亞特（Frederick Marryat）的英文童書《新森林的孩子》（The

《三劍客》在 1844 年首度出版，後來成為 19 世紀晚期最著名的小說之一。下圖是分冊出版的某版本封面。

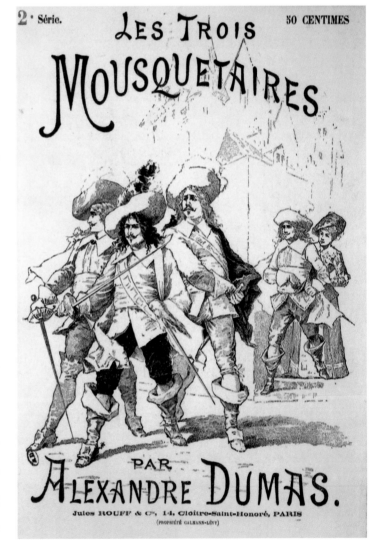

Children of the New Forest）雖然是他後來最受歡迎的小說之一，但是 1847 年首度以連載形式發表時，卻在第一個月之後就停刊了。

不是每個作者都能跟上連載寫作每月多達 2 萬字的速度。比如威爾基‧柯林斯（Willkie Collins，1824-89）就永遠只會在出刊前一週左右寫完。相對的，大仲馬則是個寫作工廠：他每天會與合寫者奧古斯特‧馬科（Auguste Maquet）一起工作 12 到 14 個小時，還同時撰寫好幾篇正在連載的小說。

分冊出版的大仲馬《基督山恩仇記》某一版本的封面，小說最初的連載期間從 1844 年至 1846 年。封面描繪了女主角美蒂絲，法利亞神父的牢房（左），和男主角愛德蒙‧唐泰斯從伊夫堡脫逃的情景（右）。

這時，出版商以不同形式出版一本新小說已經是例行公事了：先是連載版本——可能發表在期刊中，也可能透過書店以單冊形式銷售，接著是提供給圖書館的「三冊」版本，然後在短暫的間隔後，再出版以劣質紙張重印的廉價版本。之後可能還會有更廉價的重印本，每本要價6便士或幾生丁（centime，百分之一法郎）。19世紀許多偉大作品都依循這樣的模式出版。在美國，《湯姆叔叔的小屋》最早於1851至52年間在反蓄奴週刊《國家時代》（National Era）連載。在俄國，《尼瓦》（Niva）等插畫週刊以24頁的小報形式連載伊凡·屠格涅夫（Ivan Turgenev，1818-83）、馬克西姆·高爾基（Maxim Gorky，1868-1936）與安東·契柯夫（Anton Chekhov，1860-1904）的作品。

在英國，狄更斯（1812-70）有九部小說是以每月一冊的方式發行的，最早的一部是由查普曼與霍爾出版社（Chapman & Hall）在1836至37年間出版的《匹克威克外傳》（The Pickwick Papers）。1852至53年，《荒涼山莊》（Bleak House）透過每月一冊、每冊1先令的方式銷售了4萬份。1850年，狄更斯創辦了自己的2便士雜誌《家常話》（Household Words），這本雜誌在1859年又由他新創的期刊《一年四季》（All the Year Round）承繼，在《雙城記》（A Tale of Two Cities，1859）大獲成功的效益下，《一年四季》的發行量達到每週10萬本。狄更斯透過連載出版的小說持續獲利數十年，無人能出其右。與他同時代的威廉·梅克比斯·薩克萊（William Makepeace Thackeray，1811-63）雖然透過由布拉德伯里和埃文斯（Bradbury & Evans）在1847到48年間出版的連載版《浮華世界》（Vanity Fair）獲得成功，但是後來的《維吉尼亞人》（The Virginians，1857-59）以同樣形式出版卻相對失敗，此後薩克萊就捨棄了這種出版方式。

相對於購買單行本，分冊購買一部小說極為昂貴，但是對讀者與出版商共同的好處是，費用的發生分散在一年或兩年內。然而1860年代之後，市場不再容得下以單冊分次出版的小說，因為有許多雜誌固定刊出連載小說，而最廉價的重印本到了這時候，連財力最有限的人都能負擔。

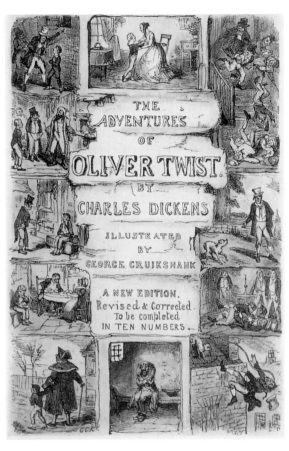

查爾斯·狄更斯《孤雛淚》（Oliver Twist）的封面，插圖繪者為喬治·克魯克香克（George Crulkshank）。這部小說最早於1837至1839年間，在《本特里氏雜誌》（Bentley's Miscellany）分十個月刊登。與其他小說家不同的是，狄更斯一直沿用分冊出版，以此形式發表了九部著作。

廉價小説

1860 年，紐約出版商伊雷斯特斯（Erastus，1821-94）和厄文·比德爾（Irwin Beadle, 1826-82）兄弟推出了一系列新的廉價與小開本平裝書，尺寸大約是 10×15 公分，系列名為比德爾廉價小説（Beadle's Dime Novels）。這個名稱後來用以泛指一直到 20 世紀早期、由不同出版商出版的各種煽情低俗的袖珍本小説。

比德爾兄弟推出的第一本書是著名作家安·史帝芬絲（Ann S. Stephens，1810-86）的煽情小説重印本。在她的《印地安妻》（Malaeska, the Indian Wife of the White Hunter，1860）中，一名年輕的美國原住民女子在她的白種軍人丈夫死後，面臨了極為艱難的處境。她悲慘的故事在以廉價小説的形式出版後短短數月內，就銷售了超過 6 萬 5000 本。後來的比德爾廉價小説每月出版，之後是雙週出版。這些小説以劣質紙張印刷，長度很少超過 3 萬 5000

下圖為 19 世紀晚期的美國廉價小説與低俗小説雜誌封面，包括受歡迎的尼克·卡特偵探故事，和比德爾兄弟出版的《藍錨》（**The Blue Anchor**）獨特的淡橘色封面。

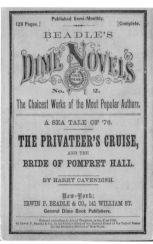

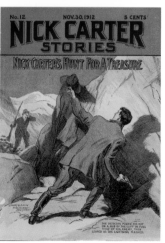

字。一開始的粉橘色書皮自 1874 年起由手工模印的彩色封面取代。煽情的故事、低廉的價格（如 dime novel 這一英文名稱所反映的，只要十美分）和聳動的封面，使得廉價小說非常吸引年輕的工人階層讀者，雖然他們並非這些小說唯一的愛好者。

許多廉價小說是原創作品；其他的則由報紙或雜誌重印而來。廉價小說作者包括記者、老師和律師，他們每週依照傳統的故事情節寫作，往往擁有好幾個不同的筆名。比較有名的作家，如羅伯特・路易斯・史蒂文森（Robert Louis Stevenson，1850-94）、布雷特・哈特（Bret Harte，1836-1902）和露意莎・梅・奧爾柯特（Louisa May Alcott，1832-88）也受邀供稿。最早的廉價小說中有不少海上歷險故事和羅曼史，但最受歡迎的是白人拓荒者與美洲原住民在大西部發生衝突的故事。比德爾兄弟的第二個重大成功是出版了《賽斯・瓊斯：邊境俘虜》（Seth Jones, or the Captives of the Frontier），書中，英勇的白種獵人（當然是穿著必備的鹿皮與浣熊皮帽）救出了被莫霍克人囚禁的幾名白人。由 19 歲教師愛德華・艾利斯（Edward S. Ellis，1840-1916）所寫的這本書，據稱賣了 60 萬冊。另一位西部英雄水牛比爾（Buffalo Bill）也出現在許多廉價小說中，以他為主角從事寫作的先有愛德華・傑德森（Edward Judson，筆名奈德・本特萊恩，Ned Buntline）（1813-86），後有普倫提斯・英格拉姆上校（Colonel Prentiss Ingraham，1843-1904）。

到了 1880 年代，廉價小說的內容開始反映美國社會的日益都市化。私家偵探、間諜與在城市中工作的女主角取代了西部冒險家。業餘偵探尼克・卡特（Nick Carter）的故事大受歡迎，讓出版商史特瑞特與史密斯（Street & Smith）在 1891 到 1915 年間，發行了以他的冒險為主題的三套系列故事。他的創造者佛萊德瑞克・范倫斯雷爾・戴（Frederic Van Rensselaer Dey，1861-1922）寫作的速度跟不上需求，額外的作者因而受聘代筆，以確保穩定的產出。

廉價小說受歡迎的程度在 1890 年代開始衰退，因為此時傳統小說的價格變得比較親民，而更便宜的低俗小說雜誌也出現了。第一次世界大戰後，顧客有了許多其他的輕鬆娛樂選擇，包括電影和廣播。

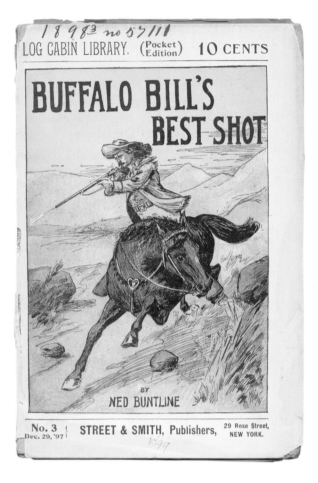

水牛比爾與他神乎其技的槍法是許多廉價小說的主題，例如由筆名奈德・本特萊恩的作者所寫的這本。這個故事於 1872 年在《紐約週報》（New York Weekly）首度發表。然而，水牛比爾縱橫其中的那個拓荒邊疆，當時已經在快速消逝中。

俄國盧布克

盧布克（lubok）相當於俄國的「小書」。與西歐的詩歌故事集不同的是，盧布克一直到 20 世紀初仍廣受歡迎，這要歸因於在沙皇治下的俄國，識字的普及推展緩慢，貧窮率亦居高不下。1890 年代以前，盧布克一半的內容都是宗教作品，在 1890 年代之後，世俗內容就開始占多數了。盧布克的素材包括沙皇傳記、偉大戰役的故事、狂歡宴樂的情節、盜匪冒險故事和通俗的民間傳奇，比如巫婆芭芭雅嘎（Baba Yaga，或譯雅加婆婆）的故事。

　　盧布克的出版量極為驚人，1895 年之後翻了三倍，在 1914 年達到 3 萬2000 種，以俄羅斯帝國境內使用的所有語言出版，發行量總計為 1 億 3000 萬冊。盧布克的形制近似大報（broadsheet），結合了一段文字與一幅木版畫，木版畫後來由技藝嫻熟的工人以手工上色的石版畫取代。18 世紀，為盧布克上色是莫斯科地區蓬勃發展的家庭手工業，一直到彩色石印讓手工上色的程序變得多餘才沒落。

　　盧布克的生產集中在莫斯科的尼科斯卡亞街（Nikolskaya Street）一帶；主要的銷售點在斯帕斯基橋（Spassky Bridge），與宗教用品一起販售。盧布克的作者往往是農民，有些出版商原本也是農民。農民之子斯汀（I. D. Sytin，1851-1934）成為俄國最大的出版商，到 1914 年幾乎已經獨占了盧布克市場。他以每年在下諾夫哥羅（Nizhni Novgorod）舉辦的市集為配銷中心，

這幅俄羅斯木版畫描繪的是有關巫婆芭芭雅嘎與一名禿頭男子的民間故事。這種盧布克版畫在帝俄時期的銷售量數以百萬計。

這幅俄國版畫宣告「啤酒花比所有其他水果都好」。

與數千名書商往來。

　　革命前的俄國知識分子視盧布克為政治上落後的作品，扭曲了農民真正的價值觀，因為這些作品宣揚的是效忠沙皇，也經常表現出反猶太人與支持東正教的觀點。有些知識分子將盧布克的缺點歸咎於資本主義的諸般邪惡；社會主義者尤其想要出版不受市場力量牽制、比較具有啟迪性的大眾文學。1917年革命之後，盧布克再也沒有容身的空間。

日本浮世繪

浮世繪是 17 至 20 世紀間在江戶（東京舊稱）生產的木刻版畫，使用的是版畫家菱川師宣在 1670 年代所普及的風格與技術。浮世繪構成了一種穩固的傳統，專門描繪歌舞伎劇場、茶館、藝妓與青樓女子——都是城市社會中的精緻娛樂。後來，浮世繪的內容也包括對自然景觀的描繪。浮世繪先以墨繪成，然後手工上色。18 世紀，套色印刷被用來製作全彩的複製品，稱為「錦繪」。

　　這些版畫原本往往是劇場海報或妓院廣告，但很多時候這些版畫會被集結成冊，以書籍形式出版，而每張版畫上都有畫師簽名。這樣的畫冊成為大眾媒體的一種，買的人可能是想擁有一張妓館花魁或相撲手的海報。

葛飾北齋的《神奈川沖浪裏》是他在國際上最出名的作品之一，他在 1830 年代創作了這幅木版畫，收入《富嶽三十六景》系列。圖為另一系列《富嶽百景》的海上大浪圖。

這幅以富士山為背景的
江戶街景，是歌川廣重
於 1856 年創作的《名
所江戶百景》系列中的
作品。他與葛飾北齋不
同，專事描繪日常生活
與人類活動的景象。

葛飾北齋（1760-1849）是江戶時代後期最負盛名的浮世繪師與版畫家之一。他的《富嶽三十六景》系列於 1831 年出版，其中的《神奈川沖浪裏》（神奈川海邊的大浪）成為在西方非常受歡迎的一張版畫。葛飾北齋所屬的佛教教派奉富士山為永恆生命的泉源，富士山因此對葛飾北齋具有特殊意義。

明治時代（1860 年代以後），日本對西方文化的影響變得較為開放，攝影因此開始取代浮世繪。然而歐洲藝術家對浮世繪大為欣賞；克勞德‧莫內（Claude Monet，1840-1926）的藝術就顯然受到這種版畫影響。

這幅梅枝伴著書櫃與桌案的和紙版畫是八島五岳的作品，創作年代在 1815 到 1820 年間。

通俗小說的能手

19 世紀末期，小說的大眾市場已經成形。出版商對於以不同的形式和價格出版作品已經非常嫻熟，能夠針對重印書籍的間隔做出明智的判斷，將不同市場的潛力發揮到最大。受歡迎的小說家以高速產出文稿，並且重複使用賣座保證的公式化情節。嚴肅的文學批評家譴責他們品味低下，但他們的作品卻銷量龐大。這些通俗小說大師中，最有名的幾位有德國的卡爾‧邁（Karl May），法國的朱爾‧凡爾納，和英國的瑪莉‧柯雷利（Marie Corelli）。

　　卡爾‧邁（1842-1912）以德國男子「老破手」（Old Shatterhand）及阿帕契戰士溫內圖（Winnetou）為主角寫作西部故事。卡爾‧邁的小說多以第一人稱敘述，老破手出現在其中 16 部中。生在薩克森（Saxony）的卡爾‧邁其實從未到過美國西部，但是他的小說中包含了所有西部小說的傳統元素，描繪的是一個前工業化的世界，個人是獨立自主的，而傳統男性價值仍受到尊重。

　　卡爾‧邁的作品在全球的銷量據估計達 2 億本。他的小說很能吸引年輕的男性勞工讀者，卻也引來菁英知識分子的譴責。1899 年，他的作品在巴伐利亞的中學遭禁，理由是內容太過低俗與煽情，不適合學生閱讀。由於作品被與 20 世紀早期德國的民族沙文主義連結在一起，卡爾‧邁在現代的名聲冤枉地蒙上了污點。卡爾‧邁本人後來日益虔信基督，也傾向和平主義，但是在他死後，在納粹德國期間由卡爾‧邁出版社（Karl May Verlag）生產的修訂版小說中，多出了在原始版本中沒有的種族主義色彩。事實上，卡爾‧邁 88% 的作品銷售量是在 1945 年以後達成的。

　　朱爾‧凡爾納（1828-1905）的作品同樣對青少年男性極具吸引力，不過他的出版商朱爾‧賀澤爾（Jules Hetzel）並未把他當成冒險小說家行

1904 年這幅插圖中的阿帕契戰士溫內圖是德國作家卡爾‧邁創造的人物。雖然現在已少有人記得他，但卡爾‧邁曾是通俗小說的大師，在數十年間持續受到大眾喜愛。

·KARL·MAY·

··WINNETOU··

銷，而是當成一個讓大眾得以認識科學發現與近代歷史事件的教育小說作者，比如他便以美國內戰為背景寫作了《北與南》（Nord et Sud，1887）。凡爾納的小說反映出他那個時代普遍的仇視女性和種族歧視態度：他在《太陽系歷險記》（Hector Servadac）中對一名德國猶太商人的負面描繪讓他被指控為反猶太分子，而在《環遊世界八十天》（Le Tour du monde en quatre-vingts jours，1873）中，他對美洲原住民遭屠殺的描寫絲毫沒有透露出良心不安。

賀澤爾很刻意的將凡爾納經營成法國與外國讀者都會喜歡的作者。他加入了宗教典故：《海底二萬哩》（Vingt mille lieues sous les mers）中，尼莫船長的臨終之言被改為「上帝與祖國！」他會把故事整章整章地刪掉，有時插入自己的版本，重新編排凡爾納的文字，且經常說服凡爾納徹底改寫情節。同時，他也為凡爾納的小說發展出一套利潤豐厚的出版策略。首先是在他的《教育與娛樂雜誌》（Magasin d'éducation et de récréation）雙週刊中連載。然後他會出版整本小說，這個版本是可以攜帶的，且沒有插圖，印量 3 萬本。在此之後，往往會出版一本有插圖的版本，適合作為新年禮物，這個版本華麗的金色與紅色裝幀，讓凡爾納的《驚奇旅程》（Voyages Extraordinaires）作品集至今仍是法國出版業最美好的成果之一。經常，此後還會有為了新的觀眾所生產的第四個版本：或許是小說改編的劇本，也可能是由賈克‧奧芬巴哈（Jacques Offenbach）譜曲的改編歌劇，比如他的歌劇《月球旅程》（Le Voyage dans la Lune）就是以凡爾納的《地球到月球》（De la Terre à la Lune，1865）為藍本。

瑪莉‧柯雷利（1855-1924）備受文學批評家蔑視，但是在她最受歡迎的 1890 年代，她的小說一年可以賣 10 萬本——和她同時代的亞瑟‧柯南‧道爾（Arthur Conon Doyle）與 H.G. 威爾斯（H. G. Wells）只能夢想這樣的數字。她的作品情節結合了強烈的宗教性和堅定的道德感，與熱情而微帶情色的愛情場面。不論煽情與否，

賀澤爾出版凡爾納作品的策略是先在自己的兒童雜誌中連載，之後再出版大開本的單行本，並以搶眼的紅色與金色封面裝幀。其中一本是 1889 年出版的《無名之家》（Famille Sans Nom），凡爾納在其中講述了 1837 年下加拿大叛亂（Lower Canada Rebellion）期間的一個家族故事。

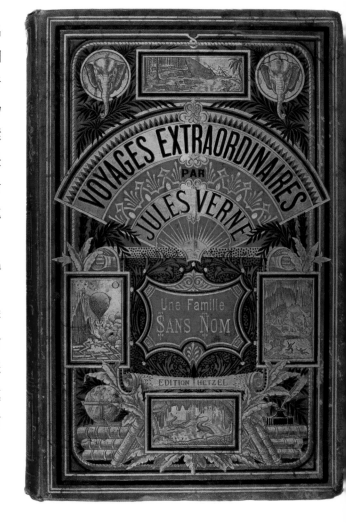

MISS MARIE CORELLI IN HER GONDOLA "THE DREAM", ON THE AVON

1895 年由梅圖恩出版社（Methuen）出版的《撒旦的悲傷》（The Sorrows of Satan），在 1924 年已經出到第 60 版了。《基督徒大師》（The Master Christian，1900）敘述基督再臨的故事，基督以街頭頑童曼紐爾的身分出現，但始終沒有受到羅馬天主教會的承認。神職人員會以柯雷利的作品為主題講道。

　　生於倫敦的柯雷利本名瑪莉·「蜜妮」·麥凱（Mary 'Minnie' Mackay），但她自稱家族來自威尼斯，不僅在小說中大量使用法文和義大利文用語——有時還用對了——還雇了一艘貢多拉平底船和船夫，用來在斯特拉的亞芬河（Avon at Stratford）上游河。今天我們很難理解她這種濫情風格的吸引力——出版她最早六本小說的喬治·本特里曾試著修正她冗贅的文字，要她不要寫得太快——但維多利亞女王訂了她所有的小說，而偏好神祕主義的俄國女王亞歷珊德拉據說也是她的書迷。柯雷利的名聲在第一次世界大戰期間開始下滑，當時她因為私藏糖的不愛國行為而被罰款，此外，她為了表達自己反對爭取女性選舉權的運動，出版了一本書與一系列小冊子，也讓她流失了部分讀者。

英國小說家瑪莉·柯雷利深知，拉抬自己的名氣，對促進她那些浪漫而情感豐富的暢銷書銷量不是壞事。這一幕中，她乘著私人的貢多拉平底船倘佯在亞芬河上。

5 知識的普及化

20 世紀前半是世界史的黑暗期,也是書籍史的動盪期。戰爭、經濟蕭條、紙張短缺與勞力成本攀升,都讓 19 世紀晚期的榮景註定無法重演。這是種族屠殺的世紀,數以百萬計的人死去,他們體現在書本和圖書館中的歷史和文化,被人以殘暴的手段試圖抹去。然而在艱難的時局中,讀者對逃避主義的通俗小說產生了無止盡的需求。第二次世界大戰後,書本的生產恢復了,讀書俱樂部日益風行,而現代出版產業在西方與東方都發展成形。數位革命就在前方不遠處。

電腦化的衝擊往往被拿來與古騰堡發明印刷術的影響相比——但這是錯誤的,因為印刷術從來沒有改變手抄本的實體形式,而電腦化已經對我們傳遞與消費文本和與之互動的方式,帶來了徹底的變化。網際網路使得前所未有的大量知識就在我們指端,創造了讓人期待的新可能,也為作者與出版者帶來了新挑戰。手持式閱讀裝置與傳統的抄本競爭,而對於有一本書能包含世界上所有知識這樣的烏托邦幻想,有朝一日或許真的會在我們可實現的範圍內。

孟加拉達卡的尼爾克特(Nilkhet)書市中,穆斯林女學生聚在書攤前。

新科技

到了 19 世紀中葉,印刷已經機械化,紙張也首度以工業化規模生產。只有一個瓶頸依然存在:勞力密集的排字工作。數百年來都是由排字工人一個字、一個字的以手工排列活字。19 世紀晚期,在美國發明的新技巧大大加速了這個過程。

　　1884 年,奧特瑪‧摩根泰勒(Ottmar Mergenthaler,1854-99)發明了整行鑄排機(Linotype),這種「熱金屬」排字系統透過將熔化的鉛注入可活動的模組,鑄造一行行鉛字。操作者使用有 90 個字符的鍵盤將模組以正確的順序組合,省去了以手工組合、移除並整理預鑄的個別字符的需要。一個工人使用一臺整行鑄排機,每小時可以排列 8000 個字符,相較之下,技藝最純熟的排字工人使用傳統方法,最多只能排列 1500 個字符。整行鑄排機非常適合報紙生產,但是對書本的製作並不理想,因為比起報紙,書本的文字欄通常比較寬,編輯標準也比較高:當一整行字被鑄造成單一模組,要進行樣張修正就很困難。托爾伯特‧蘭斯頓(Tolbert Lanston)的單型排鑄機(Monotype)

使用整行鑄排機的排字工在蘇聯《真理報》(**Pravda**)工作。排字機械化消除了生產線上的瓶頸,並且極為適合發行量大的報紙使用。

在 1887-89 年間出現，將整行鑄排機的程序加以修改，透過一次操作將活字鑄造成一整行，克服了這個障礙。

這個新技術的引入讓全球圖書生產激增。到了1909 年，海外市場獲利龐大的英國，每年生產的新書已經超過 1 萬種。即使在戰爭與政治不安對經濟活動造成嚴重干擾的 19 世紀末法國，每年也生產超過 1 萬 3000 種書籍。義大利在第一次世界大戰前的年平均書籍產量是 9250 種。不過，書籍產量遙遙領先的是德國。自 19 世紀晚期到第一次世界大戰前夕，德國出版商經歷了前所未有的成長期，機械化、降低的生產成本以及單一國內市場的建立完全嘉惠到他們。1884 年，德國年度書籍產量有 1 萬 5000 多種，到了 1913 年，德國已經成為全世界最大的書籍生產國。然而在法國，書籍生產在 1900 年達到巔峰，市場顯然已經飽和，導致在第一次世界大戰前幾年，出現多波折扣銷售以出清剩餘的庫存書。戰前的衰退對英國的影響沒有那麼嚴重，因為英國重要的出口市場，如澳大利亞，彌補了進入高原期的國內市場需求。

隨著全球產量激增，書籍在 19 世紀晚期至 20 世紀初期，轉變為一種大量生產的消費產品。由於精細的彩色插圖在技術上變得可行，成本又低廉，書本封面變得更誇張俗豔。不過字體的選擇卻愈來愈有限，因為新的自動化印刷機只使用少數幾種標準字型。另一方面，新的銷售管道發展出來，好將這些量產的書籍帶給更廣大的市場，傳統書店原有的領先地位開始被百貨公司和讀書俱樂部取代。

上：蘭斯頓單型排鑄機於 1887 年在美國費城取得專利。這種排字機改良了整行鑄排機，使得個別字母能夠以手動修正，讓文字更準確。

左：《畢頓太太的日常廚藝與家務書》（Mrs. Beeton's Every-Day Cookery and Housekeeping Book）在 1890 年經過修訂後以較大開本重新出版的時候，書脊也能以彩色印刷了。這本風靡一時的書在 1861 年初版時，伊莎貝拉・畢頓（Isabella Beeton）年方 25。

對百科全書的浪漫情懷

19 世紀，少數幾位野心遠大的人，有了將世界上所有的知識都容納在一本書裡的想法。他們構想中的百科全書是普世通用並且容易取得的，可做為教育一般大眾的工具。透過參考書普及知識的追求，早在 18 世紀就有豐富的歷史：法國產出了德尼・狄德羅與查爾－約瑟夫・潘庫克（Charles-Joseph Panckoucke）的百科全書；在英國，伊弗雷姆・錢伯斯（Ephraim Chambers）於 1728 年在倫敦出版了他的第一部《百科全書》（Cyclopaedia）。與上個世紀的先例相比，19 世紀的百科全書是對現代性的頌揚，更為著重政治與文化認同。

上：詹姆斯・穆雷在他稱為「抄寫室」的小屋裡進行《牛津英語辭典》的編撰，周圍有數千張紙條，上面寫著他正在考慮是否要納入辭典的條目。

　　最早在愛丁堡出版的《大英百科全書》（Encyclopaedia Britannica）結合了簡短的條目與定義以及有關藝術與社會科學的專文。第一版在 1768 至 1771 年間以分冊方式每週出版；第二版在 1777 至 1784 年間分十冊出版。在最早的版本中，多數條目都由主編威廉・斯梅利（William Smellie，1740-95）撰寫內容，但是這套百科全書很快就有足夠的獲利，能夠聘用著名學者針對各

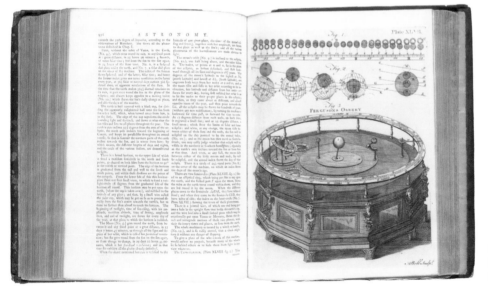

左：《大英百科全書》的頁面。這部百科全書從 1768 年起開始出版，後來成為一個國家事業。

自的專業領域撰寫條目內容。一個世紀之後，在大英帝國最盛時期，《大英百科全書》是「國家的百科全書」，許多專家都為之撰文。

在法國，皮耶‧拉魯斯（Pierre Larousse，1817-75）為了編撰《十九世紀通用大辭典》（Grand dictionnaire universel du XIXe siècle）而犧牲了自己的健康。拉魯斯是鐵匠的兒子，後來成為學校教師，但是為了追求夢想而提早退休。他的字典帶有世俗精神，因此被列入天主教的《禁書目錄》（Index of Prohibited Books）。另一方面，反對教權的拉魯斯與他的伴侶蘇珊‧考伯（Suzanne Caubel）未婚同居，並矢言在他完成畢生的志業以前不會成家。1863 至 1876 年間，《十九世紀通用大辭典》以 524 個部分分冊出版，每冊售價 1 法郎。這部辭典後來簡單的以「拉魯斯」為人所知，但是因此而家喻戶曉的男子，在他有生之年只賣出了 500 套辭典。他在 1875 年去世，字典的最後一冊還要一年才會出版——但是他對當初的誓言態度已經軟化，在 1872 年與考伯成婚。

百科全書的形式也啟發了綜合字典的發展。現在經常以其縮寫 OED 為人所知的《牛津英語辭典》（Oxford English Dictionary），是在 1850 年代所構想的龐大計畫，當時英國正逼近其全球勢力的高峰，然而，這部辭典一直要到 1928 年才編撰完成。它的主要支持者是詹姆斯‧穆雷爵士（Sir James A. H. Murray，1837-1915），穆雷負責編輯最早的文稿，工作地點是倫敦附近米爾丘學校（Mill Hill School）內的一間小屋（他稱之為「抄寫室」），但是他來不及看見這個計畫完成就去世了。OED 是一本詞源字典，包括字詞使用方式的歷史，共以 12 本巨冊收錄了 40 萬個字詞。書中的資訊由數千名志願者撰寫，頗類似今天的維基百科（Wikipedia），他們不畏艱鉅的全心投入於知識的傳布。

現代的百科全書發揚的是殖民強權

《新拉魯斯插圖辭典》（Nouveau Larousse Illustré）第七冊中的爬蟲類頁面。這個辭典與原始的拉魯斯辭典不同，有大量插圖，由克勞德‧奧杰（Claude Augé）自 1898 至 1907 年間編纂而成。這部辭書至今仍是少數以出版者為名的書籍，而拉魯斯之名在當時已是家喻戶曉。

與國族認同。《紐西蘭百科全書》（Cyclopaedia of New Zealand）在 1897 至 1908 年間出版，澳洲也有《澳大利亞百科全書》（Australian Encyclopaedia，1925-26），以錢伯斯的《百科全書》為範本，由安格斯與羅伯森（Angus & Robertson）出版社在雪梨出版。這些百科全書收錄了有關本國動植物與重要歷史人物的條目。類似的還有 36 冊的《義大利百科全書》（Enciclopedia Italiana，1929-37），宣揚的是法西斯政府的價值觀。

隨著 20 世紀往前推移，儘管對百科全書的浪漫情懷曾經吸引如拉魯斯這樣的讀書人全心投入，但是這種氛圍已經開始消退，而各種版本的百科全書與國家的連結也漸漸被切斷；比如《大英百科全書》就在 1901 年被賣給美國出版商胡伯與傑克森（Hooper & Jackson）。到了 20 世紀末，紙本百科全書已經開始被融合了聲音、影片與動畫圖像的電子版本取代。相較於笨重、多冊的紙本百科全書，電子版本有許多優勢：生產成本較低，更新較容易。使用者可以利用它們進行快速搜尋，超連結則讓互相參照更為便利。

創建於 2001 年的維基百科提供了百科全書的另類模式，所有條目都由線上讀者撰寫，這些人可以自由的增加或修正文字。（「Wikis」是為了團體合作所設計的網頁，名稱源自夏威夷語中表示「快」的單字。）維基百科彷如一張不斷被覆蓋書寫的羊皮紙，永遠在演化中，內容持續經過驗證並經由共識更新。2010 年，英文版的維基百科共有超過 330 萬個條目。對普及知識的烏托邦追求又寫下新的一頁：現在每一個人都可以參與百科全書的寫作。

《德涅特百科辭典》（Dennerts Konversationslexikon）的廣告。這部百科全書風行德國，編纂者是反對達爾文主義的哲學家艾伯哈特·德涅特（Eberhard Dennert，1861-1942）。

企鵝圖書與平裝書革命

〇 世紀中期的平裝書革命,與企鵝圖書(Penguin Books)和它惠眼獨具的創
辦人埃倫·雷恩(Allen Lane,1902-70)有不可抹滅的關係。雷恩參考的前
例是德國信天翁出版社(Albatross Verlag),這家出版社在 1932 年推出「信
天翁現代大陸文庫」,發行以封面顏色標示書種的廉價平裝重印本。雷恩在
1935 年於英國推出企鵝系列圖書時(與它所仿效的德國先例同樣以海鳥為
名),信天翁已經出版 272 本平裝系列書了。

　　雷恩馬上就面臨了競爭者:柯林斯(Collins)出版社已經在 1934 年推出
一系列 7d(七便士)重印書,而培生(Pearson)也在 1936 年開始銷售 6d(六
便士)平裝小說。但是雷恩孤注一擲的創業之舉是值得的:企鵝在第一年就
賣了 300 萬本書,銷售額達 7 萬 5000 英鎊;第一本暢銷書是桃樂絲·賽耶斯
(Dorothy L. Sayers)的《貝羅那俱樂部的不快事件》(The
Unpleasantness at the Bellona Club)。為了慶祝,雷恩買
下一艘遊艇,命名為「企鵝」。企鵝成立後的頭 20 年出
版了 1000 種書籍,每年總印量約 2000 萬本,到了 1950
年代,企鵝已占英國圖書生產總量的 7% 或 8%。

　　企鵝圖書很便宜——每本只要六便士——但是它與
當時平裝書市場上主流的通俗小說並不相同,而是成名
文學作家筆下優質文本的重印本,吸引對象是受過教育
的讀者。正如信天翁出版的圖書,企鵝圖書頗為單調的
封面是以顏色分類:橘色是小說,綠色是犯罪小說,以
此類推。從 1950 年代起,企鵝讓人一眼就能辨識的平裝
書都能創造高銷售額,尤其是在占人口比例愈來愈高、
受過大學教育的讀者之間。像 D.H. 勞倫斯與喬治·歐威
爾這樣的作者,每一個人的作品都能以平裝本形式銷售
100 萬本以上。雷恩的成就從仿效他的一連串出版社可見
一斑:在英國有潘與柯基(Pan and Corgi),在美國有班
譚(Bantam)和西格內特(Signet),在法國則有阿歇特
(Hachette)的口袋書。

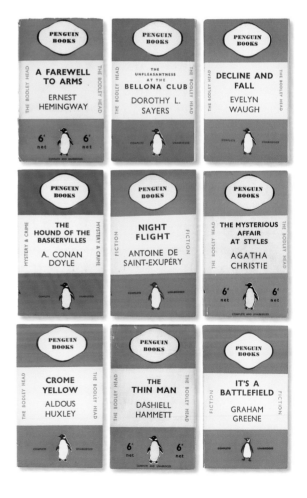

企鵝平裝書以封面顏色標示書種,
獨具特色:綠色代表犯罪小說,橘
色代表現代小說。埃倫·雷恩模仿
德國出版社的先例,建立了劃時代
的書系。

　　平裝書革命在財務上的成功，並非因為成本低廉的封面與裝幀，而是透過高印製量所能獲得的巨大經濟規模。行銷與配送也是企鵝圖書成功的決定性因素。品牌變得遠比任何單一作者或作品都重要。

　　1960 年，雷恩又冒了一次經過算計的風險，出版 D.H. 勞倫斯《查泰萊夫人的情人》（Lady Chatterley's Lover）未刪減版本，這本書在美國由葛羅夫（Grove Press）出版後，已經因為對康斯坦絲‧查泰萊與獵場看守人梅勒斯之間的性愛場面描述而被宣告為猥褻作品。然而在英國，1959 年新的《猥褻出版品法》（Obscene Publications Act）已經放寬了規則，而若有文學界的專家作證，文學價值也可以是一部作品並不構成猥褻的辯護方式之一。雷恩遍尋不著願意冒險生產《查泰萊夫人的情人》的印刷商，最後是「西方印刷服

務」（Western Printing Services）在不用負擔任何訴訟費用的條件下同意印刷。雷恩接受了這個條件，而在後續無可避免的遭到起訴後，他動員了多位聲譽卓著的文學專家，包括小說家 E.M. 福斯特（E. M. Forster），作證反駁這本書的猥褻罪名，最後獲判無罪。打官司花了企鵝圖書 1 萬 2777 英鎊，但是這部小說在 1960 年聖誕節以前就銷售 200 萬本，在企鵝圖書成為上市公司的 1961 年又賣出了 130 萬冊。

威瑪德國的消費文化

埃里希‧馬利亞‧雷馬克（Erich Maria Remarque）的《西線無戰事》（Im Westen Nichts Neues）於 1929 年由烏爾斯坦因（Ullstein）出版社在柏林首度出版，可以說是德國在 20 世紀的第一本全國暢銷書，在發行的第一年就銷售超過 90 萬本。雷馬克這部作品史無前例的銷售數字，只是德國書籍銷售的商業化在兩次戰爭期間加速發展的徵兆之一。德國當時的國內書籍市場已經是西方最大的，在 1927 年共生產超過 3 萬 7800 種書籍。德國國內活躍的書商與出版社數量在 1875 到 1920 年代之間增加了三倍。

許多德國知識分子對他們看來是垃圾讀物的興起與傳統書本文化的沒落深感駭異。1926 年，斯圖加特（Stuttgart）的華德福－奧斯托利亞（Waldorf-Astoria）香菸公司生產了一本 16 頁的迷你書，裝在香菸盒內發行：對許多人而言，這明白顯示了德國文學正遭到粗俗的消費主義貶抑，走向衰亡。1929 年，德國國會（Reichstag）通過了《青少年有害讀物法》（Law for the Protection of Young People against Trash and Filth），成立不同局處負責審查被指為猥褻的書籍。任何人若經判定散播禁書都可能被判入獄一年。1929 年共有 270 項有罪判決，但這波行動很快就失去動力，到 1932 年僅有 43 個有罪判決。

驅動德國書本生產新一波上揚的關鍵是版權與定價的改變。1837 年以前死亡的作者版權在 1867 年被移除，讓多本經典著作成為公共財。50 年內，雷克拉姆（Reclam）出版社就發行了弗里德里希‧席勒（Friedrich Schiller）、約翰‧戈特弗里德‧赫德（Johann Gottfried von Herder）、約翰‧沃爾夫岡‧歌德（Johann Wolfgang von Goethe）、戈特霍爾德‧埃夫萊姆‧萊辛（Gotthold Ephraim Lessing）與其他德國大師的 1800 萬本重印本，這還不包括伊曼紐爾‧康德（Immanuel Kant）著作的近 80 萬本印量。另一方面，1887 年的克隆納爾改革（Kröner reform）建立了由出版商決定的固定圖書零售價格制。到了 1920 年代

德國出版商雷克拉姆的倉庫，拍攝時間為 1930 年。雷克拉姆在 1828 年於萊比錫成立，其著名的「萬有文庫」（Universal Bibliothek）系列讓市面上充斥了數百萬本德國古典作家作品的廉價重印本。

托馬斯·曼《布登勃洛克一家》的
封面。這部小說於 1901 年由 S·費
舍爾出版社（S. Fischer Verlag）在
柏林出版，是托馬斯·曼的第一部
小說，描述德國北部一個中產階級
家庭緩慢走向衰落的過程，獲得很
大的成功，也成為經典文學作品。

中期，實質上形同卡特爾（一種壟斷組織）的出版商團體仍試圖將德國書籍
的平均單價維持在 5.5 馬克以上，但是他們的掌握已經減弱了：百貨公司販售
的廉價圖書（Volksausgaben）一本只要 2.85 馬克，並且開始成為市場主流，
而圖書俱樂部（Buchgemeinschaften）也提供可觀的折扣。1918 至 1933 年間，
托馬斯·曼（Thomas Mann）的小說《布登勃洛克一家》（Buddenbrooks，
1901）在他於 1929 年獲得諾貝爾文學獎之後銷量激增，透過書友（Buch-
Gemeinschaft）俱樂部以折扣價銷售超過 100 萬冊。共產黨員有圖書俱樂部，
社會民主黨及新教、猶太教與天主教團體也有；另一方面，納粹則有自己的
Brauner Buch-Ring。

納粹黨在 1933 年掌權後很快終結了德國出版業豐富的多樣性。公開的焚
書，加上牽連廣大的黑名單行動，迫使許多最有創意的作家與思想進步的出
版商流亡海外。

羅曼史小說：米爾斯與布恩

今天，世界各地有許多浪漫小說出版社，例如禾林（Harlequin）和剪影
（Silhouette）。但是在 1930 年代和 1960 年代之間，有一家出版社就是羅曼
史的同義字：米爾斯與布恩（Mills & Boon）。

　　這家出版社由英國創業家傑拉德・米爾斯（Gerald Mills）和查爾斯・
布恩（Charles Boon）在 1908 年創辦，誕生之初是一般書籍出版商，早年
以傑克・倫敦（Jack London，1876-1916）的小說與卡斯頓・勒胡（Gaston

從這個 1947 年的封面設計可以看出
來，浪漫小說是英國《婦女》雜誌
（Woman's Own）獲得成功的重
要因素之一。創辦於 1932 年的這本
雜誌，如今處理愛情主題的方式已
經沒有當年那麼流於刻板性別角色。

Leroux）的《歌劇魅影》（The Phantom of the Opera，1911）獲得成功，但
是在勉強熬過大蕭條之後，開始專事瞄準女性讀者的浪漫小說。到 1930 年
代，米爾斯與布恩每年都生產超過 160 種小說。商業流通圖書館如布特斯
（Boots's）與 W.H. 史密斯（W. H. Smith's）協助支撐了這個驚人的生產量，
而若考慮到這家出版社直到 1960 年代才加入平裝書革命的行列，這個產量更
顯驚人。米爾斯與布恩的小說由數百位名不見經傳的作者寫成，現在少有人
記得他們：他們依照公式化的情節寫作，是出版商的名字賦予了系列叢書特
色。故事總是從女主角的觀點敘述，而她們可預見的未來是成為母親，進入
家庭生活。婚姻，或者夫妻重修舊好，是每一本浪漫小說最理想的結局。

　　這個文類在戰後持續演化。1960 年代，羅曼史的女主人翁開始對追求自
己的事業展現出比較大的興趣，比如當護士，而小說背景也愈來愈帶有異國
情調，因為此時一般讀者也能負擔海外旅行了。然而，男主角還是依照米爾
斯與布恩的「至尊男」（Alphaman）公式所構想，一貫的堅強、英俊而慷慨。
面對來自大膽的情色小說（bodice-rippers）的競爭，米爾斯與布恩放寬了對直
白描寫情慾的禁令，不過粗話與離婚仍是禁忌。

　　1971 年，加拿大公司禾林買下米爾斯與布恩，然後在 1984 年買下紐約
的剪影圖書（Silhouette Books）。1998 年，禾林企業集團在全球 24 個語言的
銷售量已達 1 億 6000 萬本。米爾斯與布恩在大量生產羅曼史的跨國企業中成
為一個小齒輪。

米爾斯與布恩及禾林出版社從 1913
年至今的書籍封面。重複出現的封
面主題顯示了公式化情節的成功，
不過這個公式在近年來經過修正，
以符合女性的新追求，並淡化了的
性別禁忌。

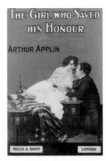
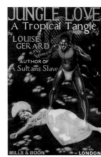

日本漫畫

以雜誌與書籍形式出版的漫畫占日本出版品 30%
的銷售量。漫畫在廉價的小開本期刊中連載，販
售地點包括書店、書報攤、販賣機與便利商店，
通常以粗糙或回收的紙張用黑白印刷，以膠裝或
騎馬釘裝訂，最後加上搶眼的彩色封面。內頁單
色的一格格漫畫則依照日文書寫文字方向，以上
到下、右至左的方式閱讀。誇張滑稽的描繪、強
烈的情感與刺激的視覺效果都是漫畫中常見的
手法。每週都有大約 12 種受歡迎的刊物會銷售
200 萬到 300 萬冊。《週刊少年 Jump》在 1988
年創下 500 萬本的發行紀錄。

漫畫的主題千變萬化。有少男漫畫，1960
年代出現的少女漫畫，以及成人漫畫。主題包括
校園生活、動作冒險、愛情、運動、史詩、喜劇、
科幻、恐怖、宗教、色情，以及教育性質的主題。
沒有什麼是不能以漫畫表現的。1986 年的《漫
畫日本經濟入門》即暢銷 200 萬冊。受歡迎的連
載漫畫會集結成平裝書版本，生產者通常是三大
漫畫出版商之一：講談社、集英社與小學館。過
去，漫畫迷會在 24 小時營業的連鎖漫畫屋閱讀
他們喜愛的漫畫最新出版的一集，但是今天他們比較可能在下載後透過手機
閱讀。

漫畫承襲了悠久的藝術血統。漫畫（manga）一詞最早由浮世繪師葛飾
北齋（1760-1849）在他的畫集中所使用，描述的是隨手畫下、互無關聯的一
系列圖畫，可以激發想像力。但是漫畫中典型的充滿動感的姿態與誇張的臉
部表情，可能源自 12 世紀的詼諧繪畫卷軸「繪卷物」，而其美學也與傳統歌
舞伎表演中風格化的表情有些淵源。

當代漫畫也受到日本以外的傳統影響，包括西方的政治漫畫與美國的連

手塚治虫在 1952 年創造了漫畫人物
原子小金剛，漫畫故事後來經過改
編，這個機器人男孩也隨之成為一
部人氣電視影集和動漫電影的主角

環漫畫。第二次世界大戰後，漫畫融入了電影技巧，但是變得比較灰暗悲觀，有愈來愈多漫畫描繪的故事是一個星球在被科技引發的災難摧毀後，如何為一個勇敢的少年所拯救。《無敵鐵金剛》是最早以巨大的戰鬥機器人為主角的漫畫之一，現在，戰鬥機器人已經是動漫類作品的固定主題之一了。在比較溫和的少女漫畫如《美少女戰士》中，女主角則可能擁有魔法力量。

在漫畫、日本動畫與其他現代大眾媒體之間有一種緊密共生的關係。比如在 1963 年，在全球都獲得成功的《原子小金剛》動畫影集首度在日本播出，這也是最早透過電視播出的固定動畫影集之一。這個電視影集改編自著名漫畫家手塚治虫在 1952 年創作的同名連載漫畫，後來在 2009 年拍成一部 3D 電腦動畫電影，繼而又成了電玩遊戲。以印刷品形式出版的漫畫透過電玩遊戲延伸了影響力，而許多現代日本電影的美學與劇情也受到漫畫影響。

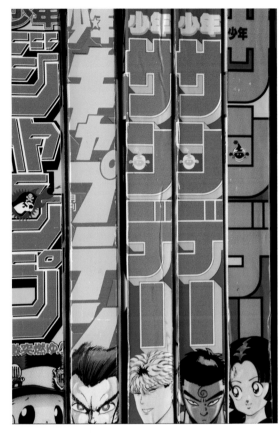

上：日本漫畫封面要吸引的對象是年輕讀者，但是在西方漫畫風格的緊湊動作場面中，仍結合了古老的日本藝術傳統。上圖顯示的分別為《週刊少年 Sunday》、《月刊少年 Captain》以及由集英社出版的《週刊少年 Jump》的書脊。

左：讀者手中拿著一本英文版的《死神》（Bleach）系列漫畫。這部漫畫的內容是惡靈與靈力的故事，自 2001 年開始於《週刊少年 Jump》連載，已衍生出一部電視影集與好幾部動畫電影。

當代阿拉伯世界

阿拉伯世界包括 22 個國家,廣大的區域從茅利塔尼亞綿延至阿曼,涵蓋的讀者擁有高度的異質性,識字率也高低不一。這個區域的圖書產業無可避免的與每個國家的富裕和穩定程度有關。

20 世紀中,開羅與貝魯特成為阿拉伯圖書市場重鎮與創新中心。開羅是諾貝爾文學獎得主納吉布·馬哈福茲(Naguib Mahfouz,著有《開羅三部曲》,The Cairo Trilogy,1956-57)、劇作家與短篇小說家約瑟夫·伊德里斯(Yusuf Idris,著有《最廉價的夜晚》,The Cheapest Nights,1954)及女性小說家拉蒂法·阿札耶特(Latifa al-Zayyat,著有《敞開的門》,The Open Door,1960)的作品首度出版的地方。開羅與貝魯特都投入了大量資源將西方文學翻譯為阿拉伯文。有一句廣為流傳的話是「埃及寫作,黎巴嫩印刷,伊拉克閱讀」,這個說法起源自 1960 年代,反映了黎巴嫩出版業在這段時期的霸主地位,拜黎巴嫩政府對書籍審查的自由寬鬆態度所賜,當時的貝魯特是重要的生產中心。比如獨立出版商「文學出版社」(Dar al-Adab)就自 1956 年以來在貝魯特營運至今。這家出版社發行過重要的阿拉伯文學作品,包括敘利亞最著名的小說家哈納·米奈(Hanna

上:《開羅三部曲》作者納吉布·馬哈福茲是埃及最著名的小說家,於 1988 年獲頒諾貝爾文學獎。

左:開羅艾資哈爾大學的書商與他商品齊全的書報攤。

Mina，1924 年生）的作品，也是阿拉伯世界聲譽最崇隆的出版社之一。

貝魯特在內戰期間（1975-91）仍保住書籍生產的領先地位，吸引專攻傳統伊斯蘭文學作品（tur th）的埃及知識分子及敘利亞商人，供應阿拉伯世界各地的市場。1967 年成立的思想出版社（Dar al-Fikr）就出版數種非洲語文的《古蘭經》譯本。便宜的傳統伊斯蘭作品以上面裝飾著書法文字的仿牛皮封面為特色。在埃及，這些經典伊斯蘭作品的版本很受歡迎，在開羅艾資哈爾區（al-Azhar）的書報攤和書籍市場低價出售。貝魯特的什葉派出版社在薩達姆·海珊（Saddam Hussein）於 2003 年垮臺後進入伊拉克市場，在巴格達與奈杰夫（Najaf）設立辦公室。黎巴嫩仍然是這個地區出版最多種書籍的地方，包括伊斯蘭作品、現代阿拉伯文學、字典、百科全書與兒童文學。

2009 年，貝魯特獲得聯合國教科文組織「世界圖書之都」（World Capital of the Book）的稱號，是對它的重要地位、以及黎巴嫩自多年戰爭中強勁復甦的肯定。然而，貝魯特現在面臨來自雙方面的競爭，既有舊對手開羅，也有阿拉伯聯合大公國，後者的書展隨著大學畢業人口增加而迅速發展。沙烏地阿拉伯現在是伊斯蘭書籍的主要生產者之一，而敘利亞、約旦與馬格里布國家（Maghreb，北非地區的阿拉伯國家）也日益活躍。在這些國家過去由國家嚴密控管的書籍產業中，私人出版社正在快速增加。

諾貝爾文學獎

有人指責它目光狹隘、歐洲本位而過度政治化，然而諾貝爾獎依然是世界上地位最崇高的文學獎。它與美國國家圖書獎（American National Book Award）或英國的曼布克獎（Man Booker Prize）等國家獎項不同，不以作者的國籍為依歸，也不反映個別作品在近期獲得的商業成功，它與法國的龔古爾文學獎（Prix Goncourt）也不同，評審委員與主要的出版社並沒有緊密關係。評審的選擇有少數讓人難以理解，也有一些深深啟發人心。

瑞典實業家阿爾弗雷德・諾貝爾（Alfred Nobel，1833-96）在遺囑中捐贈財產，用於成立物理、化學、醫學、和平與文學領域的年度國際獎項。他在遺囑中交代，文學獎應該頒給寫出「有理想主義傾向」的重要文學作品的作者，但是，該如何詮釋「有理想主義傾向」的真正意義則問題重重。在該獎項成立後的最初幾年，這個要求 足以成為將埃米爾・左拉（Émile Zola）與亨里克・易卜生（Henrik Ibsen）排除在外的原因，因為他們的作品被認為太過悲觀，而一開始，沒有宗教信仰的作者幾乎毫無獲獎的可能。後來對這個要求的詮釋變得比較寬鬆，而某些風格相當悲觀的作者，如薩繆爾・貝克特（Samuel Beckett）也成為諾貝爾獎得主。

起初，只有瑞典學院和法國及西班牙學院的成員得以推薦候選人。法國學院院士集體投票的行為，或許可以解釋為什麼第一個諾貝爾文學獎在1901年頒給了蘇利・普呂多姆（Sully Prudhomme）。現在，決定獲獎人的是一個委員會，通常有五名委員，由瑞典學院自成員中選出，有時也會加入外部專家。委員會的討論內容是機密，所有與獎項相關的提名與通訊往來也都要在50年後才會解密。諾貝爾文學獎現在的獎金是1000萬瑞典克朗。創辦至今共有106名得主，僅少數幾次中斷，主要在戰時的1940-43年。

諾貝爾文學獎早年的選擇有一些非常保守，不過，許多聲譽卓著的作者還是獲得其肯定，包括托馬斯・曼（Thomas Mann，1929）、伯特蘭・羅素（Bertrand Russell，1950）、阿爾貝・卡繆（Albert Camus，1957）與尚－保羅・沙特（Jean-Paul Sartre，1964）。同時，也有幾位卓越的輸家，包括馬塞爾・普魯斯特（Marcel Proust）、法蘭茲・卡夫卡（Franz Kafka）與獲提名12次但始終未得獎的保羅・瓦勒里（Paul Valéry）。在諾貝爾文學獎

孟加拉詩人與哲學家羅賓德拉納特・泰戈爾（1861-1941）在1913年成為首度獲得諾貝爾文學獎桂冠的亞洲作家。他最知名的作品為《家與世界》（**The Home and the World**），出版於1916年。

史上，獲獎的北歐作家多得不成比例，部分原因是評選過程以瑞典學院為中心，另有近三分之二的得主來自西歐。

　　來自發展中國家的得主相對而言很少，直到近年來才改觀。諾貝爾文學獎的首位亞洲得主是孟加拉詩人羅賓德拉納特‧泰戈爾（Rabindranath Tagore，1913）。第一位來自南美洲的得主是智利詩人加夫列拉‧米斯特拉爾（Gabriela Mistral，1945）。後繼者有智利詩人帕布羅‧聶魯達（Pablo Neruda，1971）與哥倫比亞小說家加夫列爾‧賈西亞‧馬奎斯（Gabriel García Márquez，1982）。來自非洲的得主包括奈及利亞小說家渥雷‧索因卡（Wole Soyinka，1986），以及南非的內汀‧葛迪瑪（Nadine Gordimer，1991）與 J‧M‧柯慈（J. M. Coetzee，2003）。阿拉伯世界的第一位獲獎者為埃及小說家納吉布‧馬哈福茲（Naguib Mahfouz，1988）。唯一的一名澳洲得主是帕特里克‧懷特（Patrick White，1973）。獎項也曾頒給幾位美國作家，從 1930 年的辛克萊‧路易斯（Sinclair Lewis）開始，很快又有尤金‧歐尼爾（Eugene O'Neill，1936），繼而是威廉‧福克納（William Faulkner，1949）、恩斯特‧海明威（Ernest Hemingway，1954）與約翰‧史坦貝克（John Steinbeck，1962）。

　　政治因素也會影響諾貝爾桂冠獎落誰家。比如列夫‧托爾斯泰（Leo Tolstoy）就因為他的無政府主義信仰而被拒於門外。冷戰時的政治情勢也是鮑里斯‧巴斯特納克（Boris Pasternak，1958）與亞歷山大‧索忍尼辛（Aleksandr Solzhenitsyn，1970）獲獎的部分原因。英國前首相溫斯頓‧邱吉爾（Winston Churchill）在 1953 年獲獎，但這個選擇被抨擊為出自政治動機。2009 年，諾貝爾文學獎頒給了小說家荷塔‧慕勒（Herta Müller），她在羅馬尼亞出生、以德語寫作，作品描述西奧塞古（Ceausescu）獨裁統治下的日常生活。她的獲獎不僅為冷戰畫下象徵性的句點，也說明了評選委員會現階段的關注是要把獎項頒給相對還未受到矚目的作家。

　　有史以來只有兩名得主拒絕受獎：1958 年的巴斯特納克因為蘇聯當局施壓而未受獎，1964 年的沙特則是因為他向來不接受這類榮譽。

上：哥倫比亞作家馬奎斯（1927 年生）在 1982 年於斯德哥爾摩舉辦的頒獎典禮後手持諾貝爾文學獎獎牌。

右下：出生於羅馬尼亞的德文作家荷塔‧慕勒（1953 年生）在 2009 年爆冷門成為諾貝爾文學獎得主。她在《風中綠李》（The Land of Green Plums，1993）等小說中記錄了在西奧塞古暴虐政權下生活的艱難與屈辱。

童書

最早專為兒童所出版的圖書都是教育讀本、行為指南和簡單的識字書，並且往往有動植物圖案和擬人化的字母作為裝飾。直到 19 世紀以前，英語國家的兒童往往都是從「角帖書」（horn-book）學識字的，這是一種小型帶短柄的木片，上面有一張紙，由一層透明的薄角片保護。紙上的內容通常是 26 個英文字母，基本的雙字母音節清單，以及一篇祈禱文，如〈主禱文〉。早期的識字讀本往往有一幅卷首插畫，描繪小男孩或小女孩坐在媽媽膝上學認字；直到 19 世紀晚期，兒童習得早期識字能力的環境通常都是家中，不是學校。

在 19 世紀，少數兒童讀物因為成為學校閱讀教材而享有盛名。其中包括伊索寓言與尚·德·拉封丹（Jean de la Fontaine，1621-95）的寓言故事，以及許多在 19 世紀初期演變為童話故事的民間故事。另一個早期極具影響力的兒童故事集是夏爾·佩羅（Charles Perrault）1697 年的《鵝媽媽故事集》（Tales of Mother Goose），這本書被視為童話故事文類的奠基之作。

這些早期文集受到歡迎的程度，啟發了不少 19 世紀的兒童奇幻與童話故事，主題包括有魔法的物品和會說話的動物等等。漢斯·克里斯汀·安徒生（Hans Christian Andersen）的《童話故事集》（Fairy Tales）是一系列原創兒童故事，包括〈小美人魚〉與〈豌豆公主〉等已成現代經典的童話故事，於1835 至 45 年間陸續出版，並逐漸蜚聲國際。1865 年，路易斯·卡羅（Lewis Carroll）的《愛麗絲夢遊仙境》出版後旋即獲得好評；卡洛·科洛迪（Carlo Collodi）的《木偶奇遇記》（1886）先是在義大利暢銷的連載作品，然後才以單行本形式風行全球。連阿思緹·林格倫（Astrid Lindgren）在 20 世紀寫成的《長襪皮皮》，都有許多地方受到童話與民間故事文類的影響，書中滑稽而充滿奇想的故事以一名調皮的紅髮女孩為主角，她擁有超人的

右頁：亞瑟·拉克姆（Arthur Rackham）為丹麥作家漢斯·克里斯汀·安徒生（1805-75）的童話故事〈小精靈與雜貨商〉（The Goblin and the Grocer）所繪的插畫。這幅插畫出現在 1932 年哈拉普出版社（Harrap）版本的安徒生《童話故事集》。

下：約翰·坦尼爾的插畫與路易斯·卡羅的《愛麗絲夢遊仙境》之間有著強烈的聯繫。這部兒童文學經典於 1865 年由麥克米倫（Macmillan）首度出版。在這一幕中，三月兔、睡鼠與瘋帽子的胡言亂語激怒了愛麗絲。

虛構人物長襪皮皮是擁有天賦神力的瑞典女孩，永遠停留在 9 歲而且拒絕長大。在第一次吃了閉門羹之後，阿思緹 · 林格倫設法在 1945 年透過拉本與肖格倫公司（Rabén and Sjögren）出版了長襪皮皮系列的第一本書。

力氣與用不完的財富，得以超越一般瑞典小孩生活中的限制。

　　19 世紀晚期與 20 世紀初期出現了一批兒童小說，劇情寫實，無涉魔法，以年輕的主角為中心。在國際上獲得成功的作品包括羅伯特 · 路易斯 · 史蒂文森（Robert Louis Stevenson）的《金銀島》（1883），L.M. 蒙哥馬利（L. M. Montgomery）的《清秀佳人》（1908），與露意莎 · 梅 · 奧爾柯特（Louisa May Alcott）的《小婦人》（1869），都被翻譯成數十種語言。在 1890 到 1930 年之間，兒童文學成為圖書市場不可或缺的一部分。出版社開始有兒童文學編輯，公立圖書館也開設童書的閱覽室。

　　童書是現代出版商重要且獲利豐厚的市場：20 世紀的閱讀民調顯示，不論男女，閱讀的巔峰期都在大約 12、13 歲之時。在與其他媒體的競爭上，兒童圖書也特別成功，展現出在較為沉穩嚴肅的成人圖書出版世界中缺少的創意。立體書，有多種不同結局的書，以及提供聲音及觸感的書本都吸引了兒童讀者的興趣。不過，J.K. 羅琳（J. K. Rowling）空前成功的哈利 · 波特系列

書籍（1997-2007）則顯示，較為傳統的兒童文學形式如奇幻／童話故事與校園故事文類的魅力不減。哈利‧波特七本系列書籍據說讓出版商布魯姆斯伯里（Bloomsbury）賣出超過 4 億本書，並且由時代華納拍成了賣座電影，讓作者羅琳在驚詫間於短短數年內成了億萬富翁。

　　兒童文學一直以來都吸引有創意的插畫家，他們的作品對刺激年輕讀者的想像力扮演了關鍵角色。以路易斯‧卡羅的愛麗絲系列書籍為例，它們與政治漫畫家約翰‧坦尼爾（John Tenniel）所繪的插畫之間就有著不可抹滅的連結。繪本書生產技術的進步，讓 20 世紀的插畫家得以創造出製作得美麗、多彩而豐富，有如藝術品的兒童書籍，從莫里斯‧桑達克（Maurice Sendak）感動人心的《野獸國》（Where the Wild Things Are）到波蘭繪者、同時是舞臺設計師的詹‧平克斯（Jan Pienkowski）歡欣愉悅的《梅格與莫格》（Meg and Mog）系列。澳洲畫家陳志勇（Shaun Tan）畫筆下充滿奇想而讓人不安的世界，則不僅止於為印刷文字提供插畫，而是更進一步：他為《失物招領》（The Lost Thing，2000）與《別的國家都沒有》（Tales from Outer Suburbia，2008）所繪的插圖，即以言語溝通的不足為主題而發揮。

哈利‧波特系列小說在許多語言市場中都是出版界的大事，背後的推手是英國出版商布　姆斯伯里與它的國際合作夥伴，以及電影公司華納兄弟鋪天蓋地的行銷攻勢。

書籍插畫與設計

19 與 20 世紀發展出來的各種新技術對書籍插畫產生了革命性的影響，也讓藝術家與設計師有了新的資源可運用。19 世紀早期，照相凹版術（photogravure）首度讓照片得以在書籍中重現；先以感光膠將影像轉移到金屬板上，再在板子上進行蝕刻。19 世紀中期在法國發展的多色平版印刷術（chromolithography）實現了彩色印刷，但這種印刷術勞力密集而且成本高昂，因為藝術家必須為每一種顏色都備妥一塊印版。20 世紀晚期，平版印刷（lithography）透過化學過程將照相底片轉移到橡膠表面之後進行印刷，讓彩色印刷的成本變得比較低廉，也不那麼費時。如今，桌面出版軟體則讓每一個人都可以是書籍插畫者或設計師。

「克姆斯考特版喬叟」（Kelmscott Chaucer）中的一頁，可以看到威廉・莫里斯常用的花草圖案與前拉斐爾派畫家繪畫中典型的中世紀主題。

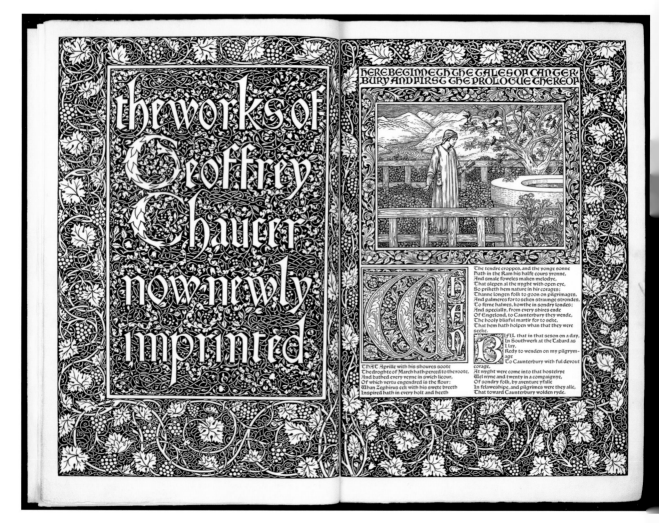

19 與 20 世紀的前衛藝術運動也關注文字設計藝術，大大豐富了書籍設計與插畫領域。19 世紀晚期，威廉·莫里斯（William Morris，1834-96）發起了藝術與工藝運動（Arts and Crafts movement），強調在工業化時代中似乎正在消失的傳統工藝技術價值。他屬於前拉斐爾派（Pre-Raphaelite），而他的設計一如該畫派畫家的作品一樣，經常指涉中世紀的主題。1891 年，他成立了克姆斯考特印書（Kelmscott Press），並且在 1898 年結束營運以前，以傳統印刷術、手動操作的印刷機與手工製的紙張，生產了超過 50 種書籍，包括他的代表作——愛德華·伯恩－瓊斯（Edward Burne-Jones，1833-98）插畫版的《喬叟作品集》（Works of Geoffrey Chaucer）。莫里斯發明了三種特色鮮明的字型——黃金（Golden）、特洛伊（Troy）與喬叟（Chaucer），並且用繁複的花草邊框將文字框住，讓人想起中世紀的泥金裝飾手抄本。他樹立的典範啟發了下一個世紀的許多小型私人出版社。

奧伯利·比亞茲萊為丹特（Dent）出版的豪華版《亞瑟王之死》（1893-94）所繪的畫作，為書籍插畫樹立了新的標竿。比亞茲萊是新藝術運動的成員，年僅 25 歲就死於肺結核。

奉行新藝術（Art Nouveau）與唯美主義（Aestheticism）的奧伯利·比亞茲萊（Aubrey Beardsley，1872-98）也對書籍插畫起了重大的影響。他專事情色繪畫，有些最好的作品是他為王爾德（Oscar Wilde）《莎樂美》（Salomé，1894）的第一個英文版本所繪的插圖：王爾德本人認為影像的光芒蓋過了文字。比亞茲萊也為湯馬斯·馬洛禮（Thomas Malory）的《亞瑟王之死》（Le Morte d'Arthur）豪華版提供插畫。

20 世紀的前衛藝術流派如達達主義（Dadaism）、超現實主義（surrealism）和包浩斯（Bauhaus），也都展現了對書籍設計與插畫的關注。與威廉·莫里斯不同的是，他們擁抱機械時代，創造出許多在他們眼中代表

了現代性的無襯線（sans sérif）字型。

　　德國藝術家庫爾特·修威特斯（Kurt Schwitters，1887-1948）深受達達主義影響，在二次大戰前數年投入了對文字設計的實驗，他的朋友埃爾·利西茨基（El Lissitzky，1890-1941）也從事同樣的實驗，而這名俄國建構主義藝術家與文字設計師的作品，對其他藝術家所產生的影響可能更為深遠。利西茨基藝術生涯的開始是為意第緒語的童書畫插圖，包括以傳統猶太逾越節歌曲為靈感的《獨生子》（Had Gadya，1919）。1920 年代早期他在柏林為蘇聯政府擔任文化參事的時期，設計了幾本影響力深遠的書，包括弗拉基米爾·馬雅可夫斯基（Vladimir Mayakovsky）的詩集《為了高呼》（Dlia Golosa，1923），以及與阿爾薩斯雕塑家讓·阿爾普（Jean Arp）合作的藝術宣言，《藝術的主義》（Die Kunstismen，1925）。利西茨基經常將希伯來文與西里爾字母當作設計整體的一部分。除了設計書籍之外，他也製作了許多蘇聯宣傳海報，還是位建築師，受政府指定設計展覽空間。

埃爾·利西茨基喜歡稱自己的設計工作為「書本建構」。前衛詩人弗拉基米爾·馬雅可夫斯基這本 1923 年版本的作品集，以紅色與黑色為主要色調，左邊是鎚子與鐮刀。右邊的頁緣則像通訊錄一樣有漸次層疊的標籤，作為集子中收錄詩篇的索引。

圖文書

圖文書（illustrated book）的許多重量級出版商在 20 世紀早期開始出現，包括 1904 年在慕尼黑成立的派珀（Piper），1923 年在維也納創立的費頓（Phaidon），以及 1928 年創辦於洛桑的思基拉（Skira）。不過，一直到四色平版印刷的品質在 20 世紀中期大幅改善以後，彩色照片才終於能在以大眾市場為對象的書籍中，以可負擔的成本再現。印刷技術的這些發展不僅讓藝術與攝影書籍改頭換面，也讓兒童、烹飪與旅遊書籍的出版徹底改觀。

儘管有這些技術上的進步，圖文書的生產成本相對而言依然高昂。思基拉與費頓是最早透過以廣大市場為對象的大量印行書籍以及國際合印版來抵消高成本的出版商；所謂國際合印版，是由出版商在同一次印刷中為本身書籍所印行的外語版本，供海外出版商使用。以費頓在 1950 年出版的《藝術的故事》（The Story of Art）為例，這本由恩斯特·宮布利希（Ernst Gombrich）所著的單本藝術史通論大受歡迎，從未絕版。合印已經成為許多圖文書出版的模式，也協助創造了一個真正國際化的出版圈。

第二次世界大戰前，有些能力卓絕的中歐出版商出逃至英國，帶來了他們深厚的視覺藝術與文學素養，以及書籍生產的專業與工藝傳統。費頓的創立者貝拉·霍洛維茲（Bela Horovitz）與路德維格·高斯席德（Ludwig Goldscheider）在德國於 1938 年兼併奧地利後將公司移到英國。維也納出版人華特·諾亞特（Walter Neurath）也在同年抵達倫敦。起初他在首開先河的書籍包裝商 Adprint 擔任製作總監，投入為柯林斯（Collins）出版社生產的

恩斯特·宮布利希生於奧地利，但是在 1936 年定居英國。費頓出版社在 1950 年出版了他的《藝術的故事》，讓一般大眾也能享有高品質的藝術書籍。這本書據稱是史上最受歡迎的藝術書籍。

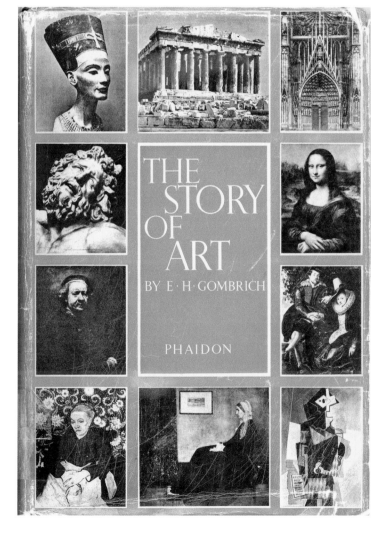

「圖說英國」（Britain in Pictures）系列。1949 年，諾亞特與伊娃·富吉特文（Eva Feuchtwang，與諾亞特同為移民與 Adprint 員工，後來成為他的妻子）在倫敦與紐約成立了泰晤士與哈得孫（Thames & Hudson）出版社，目標是出版價格合宜的藝術、雕塑與建築書籍，以教育和娛樂一般閱讀大眾。

直到 20 世紀中期，在美國可買到的藝術書籍多數都是歐洲舶來品。1949 年成立的哈利·N. 艾布拉姆斯（Harry N.

坐在書桌前的華特·諾亞特。這位來自奧地利的難民，與他當時尚未結褵的妻子共同創立了泰晤士與哈得孫出版社，以一般人可負擔的價格提供高品質的藝術書籍。

2010 年，泰晤士與哈得孫出版的書籍展示在倫敦皮卡迪利的哈查茲（Hatchards）書店內。

Abrams）出版社是美國第一家專門生產有大量插圖的藝術圖書公司。一開始，艾布拉姆斯在歐洲生產的書籍由華特·諾亞特監製。艾布拉姆斯 1952 年雇用了來自德國的流亡出版商菲力茲·蘭德蕭夫（Fritz Landshoff），又在 1955 年任用了自己的兒子安德亞斯，負責出版社的書籍生產並處理歐洲合印版事務。他們的工作非常成功：比如藝術史學者 H.W. 楊森（H. W. Jason）的《圖解繪畫史》（The Picture History of Painting，1957）就被翻譯為 12 種語言，平裝系列的藝術家專書則由九家歐洲出版商共同出版，銷售近 300 萬冊。哈利·艾布拉姆斯在 1966 年將公司出售給時代－鏡報（Times-Mirror）公司，但仍持續掌管事務至 1977 年；現在是巴黎馬蒂尼埃集團（La Martinière Groupe）的子公司。

位於科隆的報業公司 M. 杜蒙·紹貝爾格（M. DuMont Schauberg）創立於 17 世紀初。1956 年，該公司在杜蒙家族的好友蘭德蕭夫鼓勵下開始出版圖文書。杜蒙出版的書籍以高水準的內容、設計與彩色複製為特色，出版作品後來不僅涵蓋藝術書籍，也包括旅遊指南與日曆。其他重要的德國出版社包括帕萊斯特（Prestel）、赫墨（Hirmer）與哈伽·康茲（Hatje Cantz）。

東歐的許多出版社在大半歷史中為國營事業，也活躍於圖文書的出版。從 1954 年在布達佩斯成立以來，柯爾維那·基亞都（Corvina Kiadó）就以國際合作為優先事務，以英、德、法、俄、波蘭、匈牙利與其他語言同步出版藝術與旅遊書籍。國營的波蘭出版商阿卡迪（Arkady）在 1957 年於華沙成立，宗旨在於生產藝術與建築的圖文書；1992 年私有化之後，阿卡迪推出了一般圖書與兒童圖書，也仍然是外語合印版的重要買家之一。在共黨政權垮臺以前，布拉格的阿提雅（Artia）與列寧格勒（現又更名為聖彼得堡）的奧羅拉（Aurora）也都曾是東歐圖文書出版領域的重要成員。

巴黎出版商弗拉馬里翁（Flammarion）成立於 1875 年，出版藝術書籍的歷史悠久。相對而言，1911 年在巴黎創立的伽里瑪出版社（Éditions Gallimard）是圖文類書籍出版的後進。伽里瑪為許多偉大的現代文學作家出版其作品，包括普魯斯特、沙特、西蒙·波娃、喬伊斯、卡夫卡、凱魯亞克與傅柯，因而建立起名聲。近數十年來，伽里瑪則發展出廣泛的圖文書系，包括受歡迎的發現（Découvertes）系列，系列作品已超過 500 本。

戰後義大利的圖文書出版商主要為蓋占提（Garzanti）、里佐理（Rizzoli）、法布利（Fabbri）與伊萊克塔（Electa）。1907 年於米蘭創立的

蒙達多里（Mondadori）在 1970 年代設立圖文書部門，出版歷史、藝術、自然史與大眾文化的書籍。有些圖文書出版者專攻視覺藝術。1961 年成立的西班牙出版商波里葛拉法（Ediciones Polígrafa）專注於西班牙與其他地方重要藝術家的平面作品。東京視覺與實用藝術出版商 Graphic-Sha 成立於 1963 年，是亞洲重要的圖文書生產者，幾乎 25% 的銷售額來自海外。

塔森（Taschen）由班尼迪克・塔森（Benedikt Taschen）在 1980 年於科隆創立，出版藝術與相關主題書籍，也以其包含情色與戀物癖影像的書籍著稱。塔森不為海外出版商生產合印版，而是開創了新的國際出版模式，自行生產多達八種語言的書籍版本，再直接與各個地區的主要經銷商達成協議。塔森的出版品涵蓋了各種形式、主題與價格，但是其豪華出版品為其吸引了至關重要的曝光機會；其中最引人注目的包括赫姆・紐頓（Helmut Newton）的《Sumo》（1999），這是 20 世紀所生產最大也最昂貴的書。

拜 20 世紀印刷技術的進步與積極活躍的出版商所賜，如今全球讀者都有機會享受擁有大量彩色圖片的書籍。

2010 年第 24 屆日內瓦 Palexpo 書展開幕日上，參觀者瀏覽藝術書籍。這個書展以歐洲各地的出版商為主，吸引大約 300 個參展廠商與 12 萬 5000 名參觀者。

全球媒體

過去數十年來，出版界在全球經歷了急遽重整。1980 年代末期，大型媒體集團開始收購主要出版社。結果是許多出版社成為巨大傳播企業中的小齒輪。德國企業集團博德曼（Bertelsmann AG）就擁有數家出版社、報紙與雜誌，但它也同時擁有電影製片公司、電視與廣播網股份以及網路事業。在某些例子中，原先的獨立出版社在融入新東家企業文化的過程中，失去了原有的特色。

這些入主、合併與出售的過程，有時候速度快得讓人眼花撩亂。以百科全書享譽國際的法國出版社拉魯斯（Larousse），原本屬於哈瓦斯公司（Havas），哈瓦斯又為城市集團（Groupe de la Cité）所有。1998 年，哈瓦斯由通用水務公司（Compagnie Générale des Eaux）收購，而通用水務先是改

洛杉磯 The Grove 購物中心內的邦諾書店。這類超級書店將消滅獨立書店並導致文化標準化的預測，並沒有完全成真。

名為威望迪（Vivendi），後又改名為威望迪環球（Vivendi Universal）。但是哈瓦斯出版在 2004 年又以埃迪蒂（Editis）之名賣給阿歇特圖書出版集團（Hachette Livre）與溫德爾（De Wendel）投資基金。

出版產業集中於少數大型企業手中，有一些明顯的壞處。其一是，媒體集團尋求快速而可觀的獲利。收購出版社的狂潮在 1990 年代趨緩，原因就是新業主發現書籍出版很少如他們所預期的那樣賺錢，平均利潤僅有大約 5%。2003 年，博德曼集團旗下藍燈書屋（Random House）一般文學出版的負責人安·葛多芙（Ann Godoff），即因未能達成 15% 的年度獲利而被掃地出門。

阿斯達（Asda）超市內，顧客瀏覽售價只要一英鎊的書籍。促銷折扣以及零售通路選擇的多樣化，讓傳統書店的角色面臨了挑戰。

對於快速創造獲利的重視，往往導致了對於超級暢銷書的偏好，但是這種做法可能為出版商帶來財務風險。葛多芙去職的因素之一，就是她支付給史蒂芬·金等暢銷作家、高達數百萬美元（但後來未能回收）的鉅額預付版稅。葛多芙的不幸是，史蒂芬·金 2002 年的新書《緣起別克 8》（From a Buick 8）銷售數字疲弱，未能符合預期。媒體集團以獲利為優先，也使得要出版市場表現難以預期的原創或獨立作品更為困難，並且讓銷售狀況往往穩定但緩慢的書種受害，因此危及了許多非虛構書籍，比如歷史與社會科學領域的著作。獨立出版商能夠生存，靠的是壟斷了某些利基市場，比如出版《寂寞星球》旅遊指南系列而大獲成功的澳洲出版社，不過，這家公司現在已為 BBC 環球公司（BBC Worldwide）所有。

現代書籍銷售產業也受到類似問題影響。一如出版業，書籍銷售產業也日益集中於少數極為龐大而有勢力的企業集團，在美國尤其如此。美國書籍銷售市場由邦諾書店（Barnes & Nobel）等大公司主宰，使得暢銷書與銷售速度快的書籍占有優勢地位。然而，即使是這些連鎖書店，也可能面臨大型網路折扣書店與超級市場的削價競爭：在美國，哈利·波特系列的最後兩本小說在沃爾瑪（Wal-Mart）與其他類似通路的銷量比在邦諾書店還多。在英國，書籍「零售價格協議」（Retail Price Agreement）在 1995 年崩潰，讓特易購（Tesco）等連鎖超市得以趁機針對最受歡迎的書籍和出版商談判，拿到大幅折扣。這樣的環境讓獨立書商不易生存，不過，歐陸的獨立書商已展現出超群的韌性。

全球化與文化身分

1989 年，培生朗文（Pearson Longman）關閉了蘇格蘭教育出版社奧博（Oliver & Boyd）——儘管奧博的淨利達 10%，對培生朗文這樣的企業集團依然不夠。像蘇格蘭或澳洲這樣相對而言人口較少、書籍市場也較小的國家，有時會覺得他們獨特的文學文化受到威脅了。當然，這些都是英語世界國家，因此他們感受到的威脅是來自「美國化」（Americanization），儘管他們也因此享有廣大的全球市場。

然而在歐陸，語言與文化的多樣性使得書籍產業並沒有出現單一化而無味的產品。歐洲暢銷作家的作品，仍持續透過融合了小型、大型、專業與一般書籍出版商的各種管道，以不同語言出版。歐洲出版社的編輯能閱讀數種不同語言，而歐盟區內 10% 到 30% 的居民會閱讀超過一種語言的書籍。根據米哈・科瓦克（Miha Kovac）與儒迪格・維申巴特（Ruediger Wischenbart）蒐集自英國、法國、義大利、德國、瑞典、荷蘭與西班牙的資料，2008 年 4 月至 2010 年 3 月之間，歐洲最暢銷的小說作者既非美國人也不是英國人，而是瑞典作家史迪格・拉森（Stieg Larsson，1954-2004）。

如果地方文化要能夠抵禦全球化，小型的地區出版社與獨立書店就必須有政府支持，而這樣的支持可能透過文化補助或減稅優惠的方式。英國、愛爾蘭、波蘭與克羅埃西亞目前不針對書籍徵收加值稅，但是在丹麥，讀者則必須負擔 25% 的全額加值稅。愛爾蘭藝術委員會（Irish Art Council）是愛爾蘭童書過去 20 年出版數量增加的推手。加拿大政府的各項計畫，則讓該國出版的書種以及活躍的加拿大出版商數目，都獲得了可觀增長。

瑞典作家史迪格・拉森《千禧年三部曲》（Millennium Trilogy）的空前成功，消除了英語國家作者與出版商將壟斷全球小說市場的疑慮。

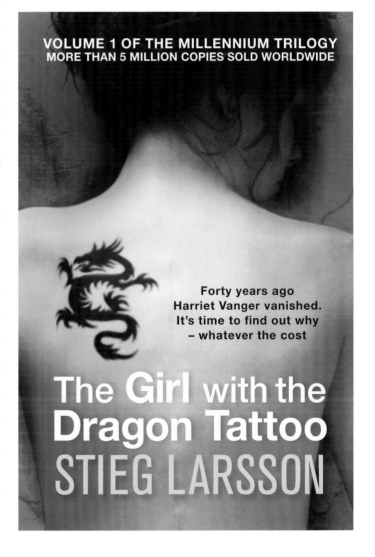

VOLUME 1 OF THE MILLENNIUM TRILOGY
MORE THAN 5 MILLION COPIES SOLD WORLDWIDE

Forty years ago Harriet Vanger vanished. It's time to find out why – whatever the cost

The Girl with the Dragon Tattoo
STIEG LARSSON

書的敵人

從宗教審判的時代到現代,歐洲經常發生焚書事件。許多政權都曾透過公開燒毀禁書,及懲罰撰寫、印刷和閱讀這些書籍的人,壓抑顛覆性質的書寫。

焚書的衝動在 20 世紀持續展現。1920 年代,美國郵政服務公司焚燒了詹姆斯‧喬伊斯(James Joyce)的《尤利西斯》(Ulysses)。納粹德國從 1933 年起發動的焚書運動,目標不僅在於清洗德國文化中的猶太作者,還要清洗所有外國影響以及威瑪共和國的和平主義與墮落腐敗文學。一群反法西斯流亡者在巴黎設立了「焚書圖書館」(Library of Burned Books),收藏所有被希特勒下令焚毀的著作。納粹也在東歐的猶太中心沒收了數百萬冊書,但保留了少數罕見而古老的書籍,計畫在完成「最終解決」(Final Solution)後將它們收藏在一間猶太教博物館中。有些書因而經歷戰爭而留存下來,最

1938 年 4 月,希特勒青年組織(Hitler Youth)在奧地利薩爾茲堡的主教宮廣場上,當著民眾與國家社會黨高官的面,焚燒了超過 1 萬 2000 本猶太與馬克思主義著作。

俄國作家亞歷山大·索忍尼辛 1953
年在哈薩克的寇克特雷克（Kok-
Terek）服刑期間照片。他後來描寫
史達林勞改營諸般邪惡的書籍在蘇
聯全數遭禁。

後在 1945 年之後落腳在以色列與美國。

　　在蘇聯，書籍生產受到國家高度管制，而私人出版商在 1930 年後就不准營運。共產黨扮演起以出版品捍衛政治正統性的角色，清理圖書館的收藏。雖然亞歷山大·索忍尼辛的《伊凡·傑尼索維奇的一天》（One Day in the Life of Ivan Denisovich，1962）在尼基塔·赫魯雪夫（Nikita Khrushchev）治下的短暫改革時期曾經在蘇聯出版，他後續的重要作品卻因為坦率描述了共黨政權的壓迫而遭禁。索忍尼辛（1918-2008）在 1970 年被逐出蘇聯作家協會，1974 年《古拉格群島》（The Gulag Archipelago）在西方出版後更遭驅逐出境。1970 與 1980 年代，禁書可以在蘇聯的黑市上買到，而在西方享有盛名的異議作者則祕密流通他們作品的油印本。在米哈伊爾·戈巴契夫（Mikhail Gorbachev）於 1980 年代晚期推動改革以後，審查制度隨之鬆綁。

　　審查制度並不限於極權獨裁統治下。一直到文學解放狂潮在 1960 年代橫掃西歐以前，陰魂不散的清教徒主義仍抑制了許多文學傑作的出版，因為這些作品被視為描寫了有悖正軌的情慾或過於露骨。D.H. 勞倫斯的《查泰萊夫人的情人》（1928）最早在義大利佛羅倫斯出版，而且一直到 1960 年以前都不得在英國出版，雖然殷基·史蒂芬森（Inky Stephensen）的蔓陀羅出版社（Mandrake Press）早在 1929 年就在英國出版了這部小說的地下版本。1960

年代還有其他禁書在被埋沒多年之後問世。在美國，1964 年的一項判決洗清了亨利．米勒著作《北回歸線》（Tropic of Cancer，1934 年首度於巴黎出版）的猥褻罪名。弗拉基米爾．納博科夫（Vladimir Nabokov）描述中年男子與 12 歲女孩戀愛的《羅莉塔》（Lolita），則終於在 1958 年由帕特南之子（G. P. Putnam's Sons）在美國出版，並於 1959 年由威登菲爾德與尼可森（Weidenfeld & Nicolson）在英國出版；這本書最早出版是在 1955 年的巴黎（旋即遭禁），因為英語國家沒有一家出版社願意和它扯上關係。出版後，《羅莉塔》立刻成為國際暢銷書，至今仍是許多人即使沒讀過也聽過的小說。

儘管在世界許多地區，國家對書籍的審查都放寬了，焚書直到現代仍未退流行。為了摧毀波士尼亞文化，塞爾維亞人在 1992 年以砲彈夷平了塞拉耶佛國家圖書館。1989 年在英國布拉福，穆斯林示威者在電視攝影機前象徵式的焚燒了薩爾曼．魯西迪的《撒旦詩篇》（Satanic Verses，1988），以抗議書中他們視為瀆神的內容。即使後來網際網路的力量日益壯大，又有數位化崛起，書本依然被視為具有重要地位，讓人欲燒之而後快。

1989 年，英國穆斯林在英國北部的布拉福焚燒薩爾曼．魯西迪的《撒旦詩篇》。他們認為書中褻瀆了先知穆罕默德。

一名聯合國士兵站在塞拉耶佛國家
圖書館的瓦礫堆間。塞爾維亞為了
摧毀波士尼亞的文化遺產，在 1992
年轟炸此處。

電子書

19 世紀中期，書籍產業演化出一套商業模式，以版稅制度與國際著作權保護為基礎，讓作者、出版社與書商都能從他們的創意工作獲得合理回報，也為讀者提供了愈來愈便宜的書籍。但是到了 20 世紀末，電子出版的進展開始讓這套行之有年而備受信賴的制度面臨問題。

隨選列印（Print on Demand，POD）的出版品改變了傳統的書籍銷售模式。2007 年，紐約公共圖書館中央分館裝設了第一臺快速印書機（Espresso Machine），這臺機器並非如英文名稱所讓人以為的用於沖泡咖啡，而是提供隨選隨印的平裝書，在一次操作中就可從電子檔案列印書頁並裝訂完成。POD 機器現在已是大型書店中常見的設備了，它們省下配送成本，也為出版社與書商免去庫存書的負擔。這種「先銷售後生產」（sell and produce）的模式特別適合小眾市場，如印量往往很小的詩集與學術論文。對暢銷書則較不適用，因為 POD 書籍的單位成本與印刷書籍相比較為高昂。

19 世紀實現的商業模式為書籍產業的所有參與者都創造了好處，可謂成功，然而在數位時代新的出版與寫作環境下，可被各方接受的新商業模式仍待出現。出版商還在適應新的經濟環境，在這個新環境中，手持電子閱讀裝

紐約公共圖書館在 **2007** 年最早裝設了快速印書機。這臺機器可以在短短數分鐘內，直接透過 **PDF** 檔案隨選隨印並且裝訂出一本平裝書。隨選列印特別適合已絕版或以專業小眾讀者為對象的書籍。

已故蘋果執行長史提夫 · 賈伯斯在 2010 年 1 月 27 日於舊金山發表了蘋果新的平板電腦，iPad；iPad 於同年 4 月在美國上市。擁有觸控式螢幕的 iPad 可用於閱讀書籍和報紙，也可播放電影。

置如亞馬遜的 Kindle 與蘋果的 iPad 愈來愈易於使用而普及，導致實體書市場的某些區塊受到負面影響。拜網際網路所賜，二手書市場已經國際化而且易於參與，這也影響了新書銷售。

報紙已經因為網際網路而永遠改變了。現在，報社新聞在網站上發布的時間，遠早於讀者能在紙本上看到之前。分類廣告已經改至 eBay 和類似的網站刊登，而許多地方消息現在都由部落格或網路論壇提供。音樂出版也徹底改變了：數位下載日益超越實體 CD 銷售量。但是書不一樣，一方面因為它們從來就不依賴廣告收入，另一方面也因為，與在網站上閱讀短篇文章、或是以 MP3 播放器聆聽下載的數位音樂相比，透過螢幕閱讀長篇文字並不那麼舒適和便利。

一波又一波的數位化浪潮

數位化的腳步似已勢不可擋。2004年，Google啟動了將美國圖書館中1500萬種書數位化並提供給公眾使用的計畫，目標在創造一個虛擬圖書館，比古亞力山卓城曾有過的圖書館還要宏大。Google圖書（Google Books）現在提供約1000萬種數位化圖書。其中，150萬種可免費閱讀，另外200萬種則依照與作者和出版商的協議而定，其餘650萬種仍受著作權保護，因此只以摘要形式出版。Google率爾投入大規模數位化的作法引來了法律問題：2005年，一群作者與出版商對Google提出侵犯著作權的集體訴訟。2009年達成的和解協議要求Google付款補償內容提供者，但是這項判決只適用於英文書籍。在法國，Google可能必須因為違反著作權而對法國出版商進行損害賠償。

亞馬遜的 Kindle 等閱讀器可以儲存數千本書。這些閱讀器很輕，不使用紙張，在光線不良的情況下依然可以使用。然而與實體書不同的是，閱讀器需要電池提供電力，而且萬一掉了可能會摔壞。

Google 圖書與世界上許多主要圖書館合作，將數千本書籍數位化。不論是對著作權的顧慮或是對 Google 獨占這項事業的不安，都沒有讓這項掃描全世界的書籍並提供公眾使用的龐大計畫減緩腳步。

　　數位化已經改變了書本的形式與被使用的方式。2009 年，美國企鵝集團旗下的德頓（Dutton）出版了「全世界第一本數位小說」，這部名為《26 級》（Level 26）的驚悚小說由熱門電視影集《CSI 犯罪現場》編劇安東尼·左克（Anthony Zuiker）執筆，每 20 頁，讀者就會獲得一個密碼，讓他們可以觀賞網路上的一齣短片，這齣短片會將劇情往前推進，讀者觀賞後再回頭繼續閱讀紙本書。在最近的一項試驗計畫中，普林斯頓大學發給部分學生每人一個 Kindle 閱讀器，並且以電子方式發布他們所有的課程教材以節省紙張。這些學生對於不需要影印教材或背著沉重的教科書往來於校園內表示滿意，但是他們覺得必須一直為 Kindle 充電很困擾，也懷念翻閱實體書的感覺，並且表示使用 Kindle 無法在文本中標示重點或加上註解。

　　現在已有數百萬種電子書可提供無數讀者閱讀，但是沒人能保證數位化科技會持續存在。一如之前的許多科技，數位化也可能會過時，使得世界上最大的電子書圖書館實際上變得無法使用。話雖如此，數位化的世界是目前的生活現實。短短幾年內，書本已經不再只能存在於紙張中。相較於手抄本的發明或印刷術的出現，電子時代對書本造成了更為根本的改變。

結語：書的新時代

書本的故事，就是愈來愈多人能參與閱讀與書寫的故事。今天我們所生活的世界，不是擁有特權的少數人才能掌控知識與資訊的階級社會，而是大眾普遍識字、被文字資訊淹沒的社會。識字率的提升，以及隨之而來的書本崛起，過程並不總是平順：中間曾有許多中斷與挫折，比如在工業革命時期，城市擴張曾使鄉村的文盲人口移入。

1900 年，平面出版品是普世通用而尚無對手的溝通媒介，享有至高無上的地位。那是平面出版文化的黃金時代：在西方社會，多數人都識字，書本還未受到廣播、電視或電影的挑戰。屬於我們這個時代的電子媒體，在當時還是個烏托邦夢想，或更常被視為潛藏威脅的未來夢魘。但這段黃金時代只持續了大約一代人的時間。進入數位時代，某些觀察者認為書本顯然陷入了危機，他們預言書本即將走入歷史，並且不時引發對識字水準下降的恐慌。

左頁：法蘭克福書展上的書籍陳列。這個書展每年吸引 **7000** 個參展廠商和 **25** 萬名參觀者。中世紀書商從前也在這裡進行交易，如今在書展上協商的則是國際出版交易和授權協議。

左：陽光下，一本書面朝下擺著。有些愛書人會認為不應該這麼隨意對待一個該被珍惜與保護的物品。

厄瓜多女子在咖啡廳裡看書，一邊聽音樂。今日的讀者會同時做多件事情，將注意力同時分散在數個不同的媒體上。

　　但是，書本真的陷入危機了嗎？圖書產業每年生產的書種愈來愈多，而世界上天文數字般的用紙量使得我們必須更嚴格管理我們的森林。2005 年，中國、美國與英國每年各自生產的新書都已超過 12 萬種，其中又以英國超過 20 萬種為最；日本每年產出 4 萬種新書，而且數字在上揚中。個人出版也呈倍數成長。依照這些證據，有關紙書將死的說法似乎都是過甚其詞了。

　　至於更廣泛的平面出版文化，距離消失也還很遠。21 世紀的讀者不見得只讀書：他們也閱讀雜誌、DIY 手冊，以及各種線上內容。經常被點名為不閱讀的年輕人，只不過是閱讀方式有別於先前的世代。他們會瀏覽網站，大量閱讀篇幅短而互有連結的文字，而非單一的長篇敘事；他們讀書時往往同時在聽音樂。書本只是他們眾多不同的娛樂媒體選擇之一。

　　書本不死，代價是它做為高雅文化產物的地位開始動搖。在 18 世紀，如果一本書製作粗糙，或者印刷工人在頁面上留下了一枚油墨指印，讀者會向出版商抱怨。儘管今天仍有許多精緻的書本，在標準化大量生產的場域中、以廉價而普及的平裝書而言，這種鑑賞珍藏的態度已經不合時宜。形於外的表現之一，是人們對於完好保存一本書，不像從前那麼鄭重其事了。正如年長的澳洲讀者黛絲・B 最近在訪談中所說的：「從很小的時候，我們就被教導要好好照顧書本……我們絕對不會想要撕掉書頁或是把書攤著留在外面或什麼的。」在夏日的星期天午後來到雪梨任何一片沙灘的訪客，會看到幾十

本書在太陽下炙烤，上面濺了海水，或是面朝下躺在沙子上。書本已經跌落寶座，但它也比任何時候都屬於日常生活的一部分。

所謂的「書本的危機」其實往往指的是西方正典的危機，只是經過了偽裝。一直到 20 世紀中期以前，如果一家出版社決定出版一套國家經典文學，應該收入哪些作者都是有廣泛共識的事情。但過去 60 年來，舊有的文化階級逐漸被侵蝕，顛覆了「死的、白的、男的」作家此前不容置疑的權威地位。結果是，21 世紀文學經典的輪廓變得模糊許多，但是所涵蓋的聲音遠較從前多樣。聲稱書本面臨危機的人，往往也是對於傳統文化階級的消失惋惜最力的人。

上述這些都是富裕西方社會的問題。在文盲率高得多、而電腦與電子書取得極為不易的非洲或南美洲，並不常聽見有關紙本書之死的焦慮辯論。全世界的文盲率穩定維持在大約 20%，但是隨著人口增加，全世界不識字的人

2006 年 12 月的孟買，一名書販正在整理攤位。

口數量也在增加。根據聯合國教科文組織，全世界缺乏基本識字能力的成人約有 7.76 億，其中三分之二是女性。在撒哈拉沙漠以南非洲以及中東，不識字是普遍而增長中的現象。在開發中國家，識字的推廣，尤其在女性當中，是改善當地人生活的工作核心，因為識字與提升經濟生產力與機會、改善營養與健康，以及減低兒童死亡率都有關係。這些地區缺乏穩定供電，更別提電腦與寬頻網路，因此傳統書本的好處依然是最重要的：易於攜帶、耐用、可重複使用，而且不需要電池或維修或任何訂閱費用。

在西方，我們或許樂見、也可能感嘆讀書這件事不再有任何規則可言。在世界其他地方，讓更多人有書可以讀、並且擁有閱讀它們的能力，則仍然是未來數十年巨大的挑戰。

上：南非的一堂識字課。減少開發中國家的文盲率是持續中的努力，對全球發展而言也是當務之急。

左頁：
亞力山卓圖書館（**Bibliotheca Alexandrina**）內的書桌與電腦站。2002 年啟用的這間圖書館位於埃及一座設施先進的文化中心內，紀念古代最偉大的圖書館。

名詞解釋

八開本 octavo (in-8o)
將一張全開紙摺疊三次所形成的 8 張、16 面書本規格，大小約為 23x15 公分（參見十二開本、對開本、四開本與十八開本）。

十二開本 duodecimo (in-12o)
一種書籍開本，將全開紙摺疊成 12 張、24 面而成的尺寸，約 19x13 公分（參見對開本、四開本、八開本與十八開本）。

十八開本 octodecimo (in-18o)
小開本書，19 世紀小說多使用此規格，由全開紙摺為 18 張、36 面而成，大小約為 16x10 公分（請參見十二開本、對開本、四開本與八開本）。

三冊小說 three-decker novel
18 與 19 世紀時，分成三冊發行，以增加在圖書館中借閱量的小說。

大報 broadsheet
於街頭販售的單張大開刊物，通常包含一幅木版畫和一段文字，內容可能是敘事詩、爭議訊息，或對特殊事件的描述。

小牛皮紙 vellum
一種高級獸皮紙，以乾燥、清潔、刮淨、拋光的小牛皮製成。

小書 chapbook
一種為低層讀者生產的廉價刊物，通常篇幅在 4 至 24 頁之間，以粗糙的紙張印刷，並有簡陋的木刻插畫。

小寫體與大寫體 minuscule and majuscule
兩種手寫抄書字體，分別使用小寫字母與大寫字母。

分抄制度 pecia system
一種中世紀晚期的抄寫制度，將同一份文稿分成幾份，發給不同的抄書員，這些人可能是支領薪水的平信徒。

升階經 Gradual
舉行彌撒時所使用的音樂與應答歌本。

反面 verso
參見「正面與反面」

木刻版畫 xylography
一種早期的木版印刷術，方法是將木塊上不想沾墨的區域挖除，雕出圖像。

牛耕式轉行書寫法 boustrophedon
書寫順序由左至右，再由右至左，互錯成行的文本，文字走向就如一頭牛來回轉向犁田的行跡。

出版商標 colophon
作者、印刷者或出版者的印記或簽名，有時帶有裝飾圖案，位於印刷的書名頁上；或指抄書員的簽名，位於手抄稿的末端。

四開本 quarto
書的一種規格，將一張全開紙摺疊兩次，形成四張、八面，尺寸約 30x24 公分。（參見十二開本、對開本、八開本、十八開本）

外經 apocrypha
由於真偽不明，因此未被納入如《聖經》等聖書正典的文本。

平版印刷法 lithography
18 世紀晚期發明的印刷術，特別用於報紙印刷。方法為把圖案直接畫在一片平滑的石質或金屬印版上，接著使用化學溶液讓沒有圖紋的空白部分不吸收油墨（請參見平版間接印刷法）。

平版間接印刷法 offset lithography
現代彩色印刷技術，使用化學程序將照相底片轉移到橡膠表面上（請見平版印刷）。

正面與反面 recto and verso
分別指一張書頁的正面與反面。

石碑 stele
一塊刻有文字的直立石頭，例如墓碑。

印版 forme
印刷機的一個元件，鉛字盤就是放在這個框內，然後再放到平坦的石頭或石板上進行印刷。

羊皮紙 parchment
一種耐用的書寫材料，以曬乾、刮過並漂白的動物皮革製成，在羅馬時代晚期與中世紀受到廣泛使用。

羽毛筆 quill
用鳥（通常是鵝或天鵝）的翅膀羽毛削尖製成的筆。

抄本 codex
書籍的現代形式，以單頁紙張在側邊裝訂而成，裝訂處通常在左側。

抄書室／抄寫室 scriptorium

一個專門用來寫書或抄書的空間，通常位於修道院內。

尚書體 chancery hand

一種在行政與商業文書中使用的草寫字體，最早在梵蒂岡發展出來，後來從 13 至 19 世紀以不同的區域變體在歐洲各地通行。

杰尼札 genizah

一種倉庫，專門儲藏已經無用、但基於宗教理由不可銷毀的希伯來文神聖文件。

版稅 royalties

作者按合約可抽取的書籍收入比例，按銷售數量計算。

紅字 rubric

以紅色墨水印刷的標題或副標題，因此手稿或印刷書裡的大寫首字母若加上紅色裝飾，就稱作 rubrication。

重寫本 palimpsest

一種重覆使用的書寫表面，原有的文字被擦掉、寫上新的。

哥德式小說 Gothic novel

18 世紀末流行的小說類型，大量使用城堡、地牢、虐待與鬼魂等主題，創造煽情效果。

書卷 volume

卷軸形式的傳統書本。

莎草紙 papyrus

最早的紙張形式，以一種沼澤植物的纖維壓製而成，在埃及生產並輸出到整個地中海地區。

連載小說 roman-feuilleton

在 19 世紀法國報紙上連載的一種小說。

連續文 scriptio continua

古代希臘與羅馬使用的一種連續的文字，通常全篇使用大寫，且沒有斷字、標點或換行。

散單／散頁書 pliegos sueltos

原文字面意思為「未裝訂的紙張」，指摺成小冊子的西班牙暢銷故事書。

搖籃本 incunabula

1501 年以前生產的所有印刷書的統稱。

楔形文字 cuneiform

古代蘇美文字，以木製楔子壓在軟黏土上寫成。

經 sutra

印度教或佛教文學中簡潔精鍊的語句，通常集結成冊。

鉛字盤 galley

手工排字用的盤子，用於印出鉛字校樣。

對唱聖歌集 Antiphonal

寫有基督教敬拜儀式中答唱或答誦詞的書本。

對開本 folio

最大的書本規格，將紙張對摺為 2 張、4 面所形成，尺寸不定，約為 48x30 公分（請參見十二開本、四開本、八開本與十八開本）。

壓盤 platen

印刷機的一個元件，是一片沉重的平板，用來把印刷紙壓在上了油墨的活字上。

彌撒經本 missal

一種禮拜用書，收錄不同形式彌撒所採用的程序與文本。

藍皮圖書 bibliothèque bleue

法國小書的統稱。因為常用包裹砂糖的藍紙做封皮而得名。

圖片來源

a=above, b=below, l=left, r=right

Advertising Archives 177; akg-images 103, 114r, 127, 145, 151, 169a, 176; akg-images/Archives CDA/St-Genès 113; akg-images/Cameraphoto 35b; akg-images/Electa, 26; akg-images/Imagi Animation Studios/Imagi 180; akg-images/Imagno/Anonym 175; akg-images/Erich Lessing 11, 14, 54-55, 107, 108b; akg-images/North Wind Picture Archives 152; The Art Archive/Alamy 28; Mary Evans Picture Library/Alamy 165; Tony French/Alamy 181b; Hemis/Alamy 212; Interfoto/Alamy 99, 111; Richard Levine/Alamy 206; NetPics/Alamy 207; Optikat/Alamy 181a; Pictorial Press Ltd./Alamy 201; Serdar/Alamy 197; TAO Images Limited/Alamy 34; Nik Taylor/Alamy 198; Rijksprentenkabinet, Amsterdam 106; Museum Plantin-Moretus, Antwerp 82a; Associated Press 200; Agora Museum, Athens 25b; Institute of Archaeology, CASS, Beijing 18, 19; Courtesy The Lilly Library, Indiana University, Bloomington 62, 63; Staatsbibliothek Bremen 40; Bridgeman Art Library 83; Ashmolean Museum, University of Oxford/Bridgeman Art Library 96; Bibliothèque Nationale de France, Paris/Bridgeman Art Library 75; Christie's Images/Bridgeman Art Library 97; Musée Carnavalet, Paris/Archives Charmet/Bridgeman Art Library 89; Nordiska Museet, Stockholm/Bridgeman Art Library 98; Private Collection/Agnew's, London/Bridgeman Art Library 89; Private Collection/Archives Charmet/Bridgeman Art Library 130; Parker Library, Corpus Christi College, Cambridge 41; National Library of Australia, Canberra 74, 137; State Museum, Cetinje 128; Musée Condé, Chantilly 46; Corbis 125, 172; Tony Anderson/Corbis 209; Fabrizio Bensch/Reuters/Corbis 185r; Bettmann/Corbis 142, 185l; Walter Bibikow/Corbis 149; Stefano Blanchetti/Corbis 138; Christie's Images/Corbis 126; Pascal Deloche/Godong/Corbis 52r; Macduff Everton/Corbis 12; Yves Gellie/Corbis 27b; Thomas Hartwell/Sygma/Corbis 182a; Lindsay Hebberd/Corbis 13; Historical Picture Archive/Corbis 143; E.O. Hoppé/Corbis 184; Hulton-Deutsch/Corbis 174b; Georges de Keerle/Sygma/Corbis 203; Anuruddha Lokuhapuarachchi/Reuters/Corbis 211; John Lund/Marc Romanelli/Blend Images/Corbis 210; David Pollack/Corbis 150; Qi Heng/Xinhua Press/Corbis 205; Hans Georg Roth/Corbis 166; Leonard de Selva/Corbis 33; Sygma/Corbis 202; Martial Trezzini/epa/Corbis 196; K.M. Westermann/Corbis 182b; Sächsische Landesbibliothek – Staats- und Universitätsbibliothek, Dresden 84; Trinity College, Dublin 43, 44; University Library, Michigan State University, East Lansing 79r; National Library of Scotland, Edinburgh 76l; Mary Evans Picture Library 148a; Illustrated London News Ltd/Mary Evans Picture Library 104; Joseph Barrack/AFP/Getty Images 185; Thomas Lohnes/AFP/Getty Images 208; Leon Neal/AFP/Getty Images 204; Pressens Bild/AFP/Getty Images 188; City Press/Gallo Images/Getty Images 213; Peter Macdiarmid/Getty Images 189; Niedersächsische Staats- und Universitätsbibliothek Göttingen 78a; Hereford Cathedral 39; Ironbridge Gorge Museum Trust, Ironbridge 131, 132; Israel Antiquities Authority, Jerusalem 50; British Library, London 20, 23, 24, 36, 38, 45, 49a, 52l, 53, 57b, 58, 59, 62, 65, 66, 68, 70, 77, 81, 82a, 110, 112, 164, 190, 191; British Museum, London 16, 17, 21, 25a, 31r, 69, 90, 102, 105, 117, 124, 125b, 144, 148b; Museum of London 100b; The National Archives, London 37; St. Bride's Printing Library, London 122; Musée des Beaux-Arts, Lyons 9; Biblioteca Nacional, Madrid 121r; Gutenberg Museum, Mainz 57a; John Paul Getty Museum, Malibu 35a; State Library of Victoria, Melbourne 160; Museo Archeologico Nazionale, Naples 5; Library of the Jewish Theological Seminary of America, New York 51; Germanisches Nationalmuseum, Nuremberg 22; Bodleian Library, University of Oxford, Oxford 85; Oxford University Press, Oxford 170a; Archives Hachette, Paris 174a; Bibliothèque de l'Assemblée Nationale, Paris 86; Bibliothèque Nationale de France, Paris 32, 42, 48, 49b, 67, 87l, 100a, 125a; Musée Carnavalet, Paris 132; Musée du Louvre, Paris 108a; © 1950 Phaidon Press Limited, www.phaidon.com 193; Národní knihovna České republiky, Prague 71b; Private Collection 158, 159; RMN/Gérard Blot 6, 121l; Photo Scala, Florence/Fotografica Foglia – courtesy of the Ministero Beni e Att. Culturali 29; Metropolitan Museum of Art/Art Resource/Scala, Florence 27a; © Thames & Hudson Limited 194; Christopher Simon Sykes/TIA Digital Ltd. 2-3; Tokugawa Art Museum, Tokugawa 30; National Library, Tunis 47; Library of Congress, Washington, D.C., 31l, 71a, 80, 129r, 161, 162.